科学者と世界平和

アルバート・アインシュタイン
井上 健 訳

講談社学術文庫

目次

科学者と世界平和

国連総会への公開状

アルバート・アインシュタイン

あらゆる国々のあらゆる市民、その子どもたち、さらに市民の日々の仕事が、今日のわれわれの世界を支配している恐るべき不安に脅かされている、という事態がわれわれをとらえています。技術工学的開発の進歩は人間社会の安全と福祉を増進するものにはなっていません。われわれが国際的組織の問題を解決する能力に欠けているために、技術開発の進歩は現実には、平和と人類の生存そのものを脅かす危険に貢献するものになっています。

第二回国連総会〔一九四七年〕に集まっておられる五五ヵ国の政府の代表者たち

は、疑いもなく次の事実に気がついておられるでしょう。それは、過去二年間——すなわち枢軸諸国にたいする勝利以来——戦争の防止という方向にむかっても、あるいは原子力の管理とか、戦争で荒廃した地域を再建するための経済協力とかいった特定の分野での協約という方向にむかっても、なんら見るべき進歩がなされてきていない、ということです。

これらの失敗を理由に国連を非難することはできません。どんな国際組織も、規約によってそれに与えられている権限以上に、つまりその構成員がそれに希望している以上には強力であることはできません。実際問題として国連がきわめて重要かつ有用な制度であるというのには、世界各国の国民およびその政府によって、それが究極目標にたいする一つの過渡的なものにすぎないことが認識されることが、絶対必要です。この究極的な目標とは、平和を維持するために十分な立法上のかつそれを執行する上での権限を委ねられた超国家的な権威を樹立することです。現状の行きづまりは、信頼するにたる十分な超国家的権威が存在しないという事実の表われです。その結果、すべての政府の責任ある指導者たちは、偶発的戦争という仮定に基づいて行動することを余儀なくされております。このような仮定から発して打たれる手はことごとく、一般的な恐怖および不信感を育てる結果となり、さらに終局的な破壊を促進することになっています。国家の軍備がどんなに強力なものであろうと、それはいかなる国家にとっても、軍事的な安全保障をつくり出してくれるものにはならず、また平和の維持を保証してくれるものでもありません。

国家主権という伝統的な概念を修正することなしには、原子力の国際的な制御や管理や一般的な軍備撤廃とかについての完全な意見の一致を見ることは、絶対不可能です。なぜならば、原子力や軍備が国の安全保障の決定的要素と見なされているかぎり、いかなる国も国際条約にたいしてお義理のサービス以上のものを提供しようとはしないでしょうから。安全保障ということは分割できることではありません。それが達成できるのは、そのために必要な法とその法を強制する力の保証があらゆる場所で与えられており、その結果軍事的な安全保障ということが、もはやいかなる国家にとってもその国単独の問題にはなりえないという場合に限られます。一方では戦争のための準備を、他方では法と秩序に基づく一つの社会としての世界の準備をといったふうに、これら両者を折衷することは絶対不可能なことです。

あらゆる市民はみずから決意しなければならないのです。人は戦争という前提を受け入れる以上、次のような事柄に同調せざるをえなくなるのです。それは、オーストリアや朝鮮のような戦略地域における軍隊の駐留であり、ギリシアやブルガリアへの軍隊の派遣であり、あらゆる手段によるウラニウムの貯蔵量の増大であり、国民皆兵的な軍事訓練であり、市民的自由の制限の漸増であります。これらの事柄のすべてにもまして、人は軍事機密の保持ということから生じるもろもろの事柄に耐え忍ばねばならないことになります。このことたるや、われわれの時代のもっとも忌わしい災の一つであり、文化を向上させていくことにたいする最大の障害の一つなのです。

他方、もしもあらゆる市民が、この原子力時代における安全保障と平和にたいする唯一の保証は超国家的な政府をたえず発展させていくことである、と認識するならば、人は超国家を強化することになることとならなにごとでも、その力の限りを尽くすことになるでありましょう。この世界の理性ありかつ責任感ある市民のことごとくは、どちらを選択すべきかを知っているはずだ、と私は思います。

国連の諸大国が、この種の損得勘定にかんしてその意向を決めかねているありさまであるために、いまなお世界は全般的には一種の危険ないたちごっこにふけっています。東西の両ブロックはおのおの、それぞれの勢力を優勢にしておくために狂奔しています。国民皆兵的な軍事訓練、東ヨーロッパにおけるロシアの軍隊、太平洋諸島にたいするアメリカ合衆国の一方的管理、オランダ、イギリスおよびフランスのかたくなな植民地政策、原子力および軍事機密の保持——これらのことはすべて、馬を好い位置につけるために騎手の弄《ろう》する昔なじみのやり口の一部にほかなりません。

国連が大胆な決定によって、その道徳的権威を強化すべき時がきています。まず第一に、安全保障理事会ならびに国連の他のすべての機関が総会に従属することになるように、総会の権限が増大されるべきであります。総会と安全保障理事会の間での権限をめぐる紛糾があるかぎり、制度全体の有効性はそこなわれたままで、どうしようもないということにならざるをえないでしょう。

第二には、国連における代表というものの選出方法はかなりの程度修正されるべきであります。政府の任命によるという現行の方法では、任命された人にたいしてほんとうの自由というものをまったく残さないことになります。そればかりでなく、政府に選ばれるということは、世界の諸国民にたいして、自分たちが公正にかつ正しい比例でもって代表とされているという感情を与えることができません。もしも代表たちが国民によって直接選出されるならば、国連の道徳的権威はかなりの程度に強められるでしょう。もしも代表たちが選挙してくれた個々の人にたいして責任があるとなれば、彼らは彼らの良心に従うべき自由をはるかに多くもつことになるでしょう。要するに、われわれが希望をもちうるものがあるとすれば、それはより多くの政治家なのであり、より少ない外交官なのであります。

第三に、総会は過渡期を通じては常時開かれたままであるべきです。いつでも仕事にとりかかれる状態にあることによってはじめて、総会は次の二つの主要任務を果たすことができるでしょう。第一は、超国家的な秩序を樹立する方向にむかっての主導権を握ることができるということです。第二は、(現在ギリシア国境に見られるような)平和が脅かされているすべての危険区域において、迅速かつ効果的な手を打つことができるということです。

これらの高邁《こうまい》な任務からすれば、総会はその権限を安全保障理事会に委譲すべきではありません。拒否権条項という欠陥によって同理事会が麻痺《まひ》させられている現在では、とくにそうであります。真の世界政府のための礎石をすえることによって国際的な安全保障にたいしての必要な条件をつくり出すためには、ことの主導権を大胆にかつ決然としてとるのにふさわしい唯一の機関として、国連は最大限の迅速さで行動を起こすべきであります。

もちろん、反対意見もあることでしょう。しかし、ソビエト連邦――世界政府という考えにたいする主要な反対論者として、しばしばこの国の名があげられていますが――が、真の安全保障を規定する提案がなされた場合にも依然として反対の態度を続けるだろうかということは、けっして確かなことではありません。たとえロシアが現在世界政府に反対であると仮定するにしても、世界政府のほうがそれにかまわず形成されていくものであるということを確信するようになった暁には、この国の態度も変化することはありうることです。その場合、ソビエト連邦として固執することは、現在の安全保障理事会におけるように、自国が永遠の少数派になることを避けるために法の前の平等が必ず保証されるということだと思います。

それにもかかわらず、われわれとしては次のような仮定をしてみなければなりません。すなわち、あらゆる努力にもかかわらず、ロシアおよびその同盟諸国は、なおこの種の世界政府の外にとどまることが得策であると見なすかもしれません。そのような場合には——ロシアおよびその同盟諸国の協力を得るようあらゆる努力がこの上もない誠実さでなされたのちにはじめて——、それ以外の諸国が自分たちだけでことを進めていかねばならないことになるでしょう。そのさい、この部分的世界政府が、世界の主要な工業的・経済的な区域のなかの少なくとも三分の二を包合したきわめて強力なものであること、それが最大の重要性をもつ点です。このような強力さこそ、この部分的世界政府をして軍事機密やその他の不安定さから生じるあらゆる行動を放棄することを可能にさせることになるでしょう。

このような部分的世界政府は当初から、いかなる非成員国——とくにロシア——にたいしても、それらの国々が完全な平等性に基づいて参加するためにその門戸が大きく開かれたままになっていることを明確にしておくべきです。私の意見としては、この部分的世界政府は、非成員国の政府からのオブザーバーがそのあらゆる会合ならびに大会に出席することを承認すべきであります。

究極目標——それは一つの世界なのであって、二つのたがいに敵視し合う世界ではありません——を達成するためには、この種の部分的世界政府が世界の残りの部分に対抗する一種の同盟軍として行動するというようなことは、けっしてあってはなりません。真に世界政府を目ざす歩みとなるものは世界政府そのものであって、他の何ものでもないのであります。

世界政府においては、構成諸国間の種々のイデオロギー上の差異は重大な結果を招くものではありません。現在アメリカ合衆国とソビエト連邦との間に見られる諸困難は、第一義的にはイデオロギー上の差異に基づくものではない、と私は確信するものです。もちろん、これらのイデオロギー上の差異は、すでに重大なものになっている緊張状態をあおり立てている一つの要素ではあります。しかし、もしもアメリカ合衆国とロシアがともに資本主義国家であったとしても——あるいはともに共産主義国家であっても、あるいはともに君主国家であっても、話は同じです——、両者の競争意識、相反する利益また相互の猜疑心《さいぎしん》が、今日両国間に存在しているのと同様の緊張状態を生むことになるだろう、と私は確信しています。

現在の国連ならびに将来の世界政府が奉仕すべき唯一無二の目標——それは全人類の安全、平等および福祉の保証ということであります。

アインシュタイン博士の考えの誤り

セルゲイ・ヴァヴィロフ、(1) A・N・フルムキン、(2) A・F・ヨッフェ(3) およびN・N・セミィヨノフ(4) による公開状

著名な物理学者アルバート・アインシュタインは、その科学上の数々の発見によってその名声を得ているだけではありません。最近の数年間、彼は社会的・政治的諸問題にたいして多大の関心をはらってきました。彼はラジオを通じて語り、新聞にも筆をとっていますし、いくつかの公共的団体にもその名を連ねています。彼は、ナチの野蛮人たちにたいする抗議の声を繰り返し発しました。彼は永久平和の擁護者であり、新しい戦争の脅威に抵抗し、アメリカの科学を完全にその一方的支配のもとにおこうとする軍国主義者たちに反対する意向を表明してきました。

彼の立場は必ずしもつねに、望みうるほどには首尾一貫したものでなく、また明快なものであったわけではありませんでしたが、ソビエトの科学者ならびに一般人民は、科学者としてこの種の諸活動におもむかせた彼の人道主義的精神を高く評価しているものであります。しかしながら、アインシュタインのごく最近の発言のなかには、われわれにとってたんに誤りと思われるばかりでなく、アインシュタインがあのように熱烈に支持している平和の大義に明らかに悖《もと》るものと思われる見解がいくつか見られるのであります。

平和のための運動をもっとも効果的に行なうにはどのようにすればよいかという、かくも重要な問題を明確にするために、この点にたいして注意をうながすことはわれわれの義務であると思います。アインシュタイン博士が最近もっぱら唱道しつつある「世界政府」という考えが検討されねばならないというのは、このような見地からなのであります。

この考えを際限のない膨張にたいする一種の隠れ蓑《みの》として利用している正真正銘の帝国主義者たちは別として、この考えの支持者たちのつくる多種多様な集団のなかには、資本主義国家にあってこの考えのもっともらしさのとりこになり、実際にそれが意味することを悟っていない、少なくない数の知識人が見られます。これらの平和主義者たちおよび自由主義的傾向をもつ個人は、「世界政府」なるものがこの世のもろもろの悪にたいする万能薬であり、永久平和の守護神になるものと信じています。「世界政府」の信奉者たちは、この原子力時代では国家主権は過去の遺物であるか、あるいはまたベルギー代表スパークが国連総会で言ったように、それは「時代おくれ」であるばかりか「反動的」でさえある考えだといった、一見急進的な議論をさかんに弄していいます。これ以上真理にほど遠い言い分は、想像してみることもむずかしいでしょう。

まず第一に、「世界政府」ないし「超国家」という考えは、原子力時代の産物ではけっしてなく、それよりもはるかに古いものです。例えば、国際連盟が形成された時期においても、これらの考えは話題になりました。

それればかりでなく、いまあげた最近の時期においても、これらの考えはけっして進歩的なものであったわけではないのです。それらは、主要な工業諸国を支配している資本主義的独占が自分自身の国境を狭すぎるものと見なしているという事実の反映なのです。彼らの必要とするものは世界的規模での市場であり、世界的規模での資源であり、世界的規模での投資圏なのです。諸大国の独占業者たちは、政治上・行政上の事柄における彼らの支配力をよいことにして、勢力圏を求めての彼らの闘争、また経済的・政治的に他国を従属させ、それらの国々においてまるで自国におけるように自由に主人顔で振舞えるようにするための彼らの策動のために、政府の機構を利用しうる地位を占めています。

われわれはこのことを、われわれ自身の国の過去の経験からきわめてよく知っています。ツァーリズムのもとでのロシアは、資本の利益に唯々《いい》諾々《だくだく》として迎合するばかりであった反動的な支配体制と低賃金労働、さらに厖大《ぼうだい》な天然資源とが相まって、外国資本にとって魅惑的な好餌《こうじ》でありました。フランス、イギリス、ベルギーおよびドイツの諸企業は、猛禽《もうきん》のようにわが国を貪《むさぼ》り食い、自国でなら考えられないような巨利を博していました。彼らはツァーのロシアを、途方もない借款《しゃっかん》という鎖で資本主義の西洋諸国に結びつけたのでした。外国銀行から得た資金にささえられて、ツァーの政府は残忍なやり方で革命運動を弾圧し、ロシアの科学と文化の発展をおくれさせ、またユダヤ人にたいする組織的虐殺を扇動しました。

偉大な十月社会主義革命は、わが国を世界の資本主義的独占と結びつけていた鎖を粉砕しました。ソビエト政府は、はじめてわが国を真に自由な独立国たらしめ、歴史上これまで見られない速さで社会主義的経済・工学・科学の発展を推進するとともに、わが国を国際平和と安全保障についての信頼するにたる防波堤に一変させたのでした。内戦においても、帝国主義的列強の干渉に抵抗する闘争においても、さらにナチの侵略者にたいする偉大な防衛戦争においても、われわれ人民は祖国の独立を守ってきました。

そして現在、「世界的超国家」の提唱者たちは、資本主義的独占の世界制覇のための華麗な看板にすぎない「世界政府」のために、この独立を自発的に放棄することをわれわれに求めつつあるのです。

何にせよ、このようなことをわれわれにたいして求めるということは、明らかに本末を転倒したものであります。またそのような要求がばかげているというのは、ソビエト連邦についてだけのことではありません。第二次世界大戦後、いくつかの国々が抑圧と奴隷化という帝国主義的体制と袂《たもと》をわかつことに成功しました。これらの諸国の人民は、彼らの国内問題への外部からの干渉をしりぞけながら、彼らの経済的・政治的独立を強固にするために働いています。さらに、方々の植民地や隷属国での民族独立運動の急速な拡大は、何千万という人たちの民族的意識を目ざめさせてきています。これらの人たちはもはや奴隷の状態に甘んじることを欲していません。

帝国主義諸国の独占企業は、これまでに利潤の多いいくつかの搾取地域を失ってきており、今後さらに多くの地域を失う危険を冒しつつあるため、彼らの支配の手からのがれ去った国民から、彼ら独占にとってきわめてやっかいな代物《しろもの》と見なされる国家としての独立を奪い、植民地の真の解放を妨害しようと全力をあげつつあります。この目的のためには、帝国主義者たちは、軍事的・政治的・経済的、はたまたイデオロギー上の戦争という、ありとあらゆる種類にわたる手段に訴えつつあるのです。

帝国主義のイデオローグたちが国家主権という考えそのものを否認しようと苦心惨《さん》憺《たん》しているというのも、このような社会的な命令にそうものなのです。「世界国家」のためという目を惑わす計画を擁護することは、彼らが頼りにしている方法の一つにほかなりません。世界国家は、帝国主義、戦争、国家的憎悪を一掃するはずであり、普遍的法の勝利を保証するはずである、などというのが彼らの言い分です。

このように、世界制覇を目ざして驀進《ばくしん》しつつある帝国主義的諸勢力の略奪的貪欲《どんよく》は、資本主義諸国内のある種の知識人たち――科学者、作家、その他――に訴える力のある、まがいものの進歩的考えという外観によって偽装されています。

去る〔一九四七年〕九月、国連代表たちにあてた公開状において、アインシュタイン博士は国家主権を制限するための一つの新しい方式を示唆《しさ》しました。彼の勧告によれば、総会はつくり直されて、安全保障理事会に比べてより大きな権限を与えられた一種の常設の世界議会に転化させられるべきだということです。安全保障理事会については、アインシュタインの言明（それはアメリカ外交の忠実な僕《しもべ》たちが日夜主張していることの繰り返しにすぎませんが）によれば、それは拒否権によって麻痺させられているというわけです。アインシュタイン博士の計画に従って再建される総会は、最終的な決定権をもつことになり、大国間の一致の原則は放棄されねばならないことになります。

アインシュタインの示唆によれば、国連への代表は一般投票によって選ばれるべきであって、現行のように政府によって任命されるべきではないとのことです。一見したところでは、この提案は進歩的あるいは急進的にさえ見えるかもしれません。しかし実際には、それは現に存在している事態を改良することにはけっしてならないでしょう。

人間の大部分は、総督、軍隊、ならびに少数の帝国主義的強国の金融的・工業的独占企業に支配されている植民地的・従属的な国々にいまなお住んでいます。このような国々における「一般選挙」が現実に意味するものは、植民地行政もしくは軍事的権力の意向に基づく代表の任命にほかならないでしょう。いくつかの実例を求めることは、たいしてむずかしいことではありません。ほんの一例として、ギリシアの国民投票という茶番《パロディ》を思い出すだけで十分です。それは、イギリスの銃剣の庇護《ひご》のもとで、王党派ファシストによって行なわれました。

しかも、形式的に普通選挙権が存在している国々においては事情はずっとよいかというと、そうとはいえないでしょう。資本が支配するブルジョワ民主主義諸国においては、資本家たちはありとあらゆるトリックやからくりに訴えて、普通選挙や投票の自由を一場の笑劇《ファース》に化そうとしています。アインシュタインも確実に知っているように、過日のアメリカ合衆国連邦議員選挙において、選挙民の三九パーセントが投票所におもむいたにすぎません。南部諸州においては、何百万という黒人が文字どおり投票権を奪われており、あるいはリンチの脅迫も珍しくない状況のもとで、反動の首魁《しゅかい》であり、黒人排斥家である故上院議員ビルボのような、自分たちのもっとも憎むべき仇敵《きゅうてき》に投票することを強制されているということも、アインシュタインは確かにご存じのはずであります。

人頭税、特別のテストその他種々の手口が、何百万という移民、住所不定の労働者および貧しい農民から投票権を奪うために利用されています。票の買収という広く行なわれている行為、金持の新聞所有者たちによって操られている大衆感化のための強力な道具としての反動的新聞の役割等々について、いまさらあらためて言うつもりはありません。

これらすべての事柄は、アインシュタインによって示唆されたような世界政府への一般投票なるものが、現に資本主義諸国において存在する諸条件のもとでは結局どのようなものになるかを物語っています。現在の総会の構成に比べて、その構成がよりよくなるということにはならないでしょう。それは、大衆のほんとうの心情、永続的な平和にたいする彼らの欲求ないし希望のゆがめられた反映にすぎないものになることでしょう。

ご承知のように、総会および国連諸委員会における投票機構は、アメリカ代表にとっては自分の意のままに規則正しく動く一つの機械になっています。このことは国連の構成国の圧倒的多数がアメリカ合衆国に依存しており、自分たちの外交政策をワシントンの要求に適応させざるをえないという事実によるものです。例えば、ラテン・アメリカ諸国のなかのいくつかの国のように、単一農作物による農業体系をもつ国々は、その生産物の価格を決定するアメリカ独占企業に身ぐるみ束縛されています。事情がこのようなものである以上、アメリカ代表の圧力のもとで、その事実上の主人の命のままに唯々諾々として票を投じる機械のような多数派なるものが総会に出現してきているとしても、それは驚くに当たらないことです。

アメリカ外交が、国務省を通じないで国連の旗のもとにある種の方策を実現するほうが得策である、と見なす場合もあります。かの悪名高いバルカン委員会あるいは朝鮮における総選挙を視察するために任命された使節団をご覧なさい。アメリカ代表が「小総会」案なるものを強行しようとしている目的も、国連を国務省の一下部機関に転化することにあります。「小総会」なるものは、大国一致の原則によって帝国主義者たちの方式の実現にたいする障害物であることが立証されつつある総会に事実上とって代わることになるだろうというわけです。

アインシュタインが、平和と国際協力のもっとも忌むべき敵の方策と野望の支持者に事実上なり果てたということは、運命の皮肉によるものと言えましょう。この方向にかなり深入りした彼は、その公開状においてあらかじめ次のように宣言するにいたっています。すなわち、もしもソビエト連邦が彼の新しがりやの組織に加入することを拒否する場合には、他の諸国はそれにかまわずに進んでいくあらゆる権利をもつだろう、ただし、将来いつの日にかソビエトが一構成員もしくは一オブザーバーとして組織に参加するための門戸は開いたままにしておこう、というのです。

真実のアインシュタイン博士が帝国主義の公然たる擁護者たちからはどんなにほど遠い人物であろうとも、この提案は本質的にはこれらの人たちの口にすることとほとんど異なるところがありません。要するに、もしも国連をアメリカ合衆国の政策の具に化することも、帝国主義者の術策や企図の隠れ蓑に転用することもできないならば、この組織は破壊され、その代わりにソビエト連邦および新しい民主主義諸国を除いて新しい「国際的」組織が形成されるべきであるというのが、アインシュタインの言わんとすることの要約であり、実体なのであります。

このような計画が国際的な安全保障と国際的な協力にたいしてどんなに致命的なものになるかということを、アインシュタイン博士は悟っていないのでしょうか。

われわれの信じるところによれば、アインシュタイン博士は誤ったかつ危険な道に足を踏み入れてしまっています。彼は、相異なる社会的・政治的・経済的体制が共存しているこの世界において、一つの「世界政府」という幻影を追い求めているのです。もちろん、異なった社会的・経済的構造をもつ国々が社会的・経済的に協力し合うということは、これらの相違が厳然と認められているかぎりでは、それを禁止すべき理由は存在しません。しかし、アインシュタインが主唱しているところのものは、誠実な国際協力と永続的平和の不倶戴天《ふぐたいてん》の敵の手に操られている一つの政治的な道楽にほかなりません。彼が国連の構成員諸国にたどることをすすめている道の行く手は、より大きな国際的安全保障へ通じるものではなく、新たな国際紛争へ導くものとなるでしょう。それは、資本主義的独占企業家たちだけを利するものになるでしょう。なぜならば、それらの人たちにたいして新たな国際紛争が提供するものは、より多くの戦時契約とより多くの利潤との約束にほかならないからです。

以上われわれとしては、まったく率直に、一片の外交的粉飾もまじえずに語ることこそわれわれの義務と考えたのですが、それは、卓越した科学者としてのアインシュタインに、また同時に平和の大義を高くかかげるために能《あた》うかぎりの最善を尽くして奮闘している公共精神にみちたひとりの人間としてのアインシュタインに、きわめて高い敬意をわれわれがいだいているからなのであります。

訳注

（1） Sergey Vavilov　一八九一～一九五一。蛍光現象の分野を専門にする物理学者で、一九四五～五一年ソビエト連邦科学アカデミーの総裁を務めた。

（2） A. N. Frumkin　一八九五～一九七六。著名なコロイド化学者。一九三九～四九年モスクワ科学アカデミーのコロイド－電気化学研究所所長を務めた。

（3） A. F. Ioffe　一八八〇～一九六〇。水中での結晶の性状にかんする研究で広く知られる。レニングラード科学アカデミーの物理化学研究所所長を務めた。

（4）　N. N. Semyonov　一八九六〜一九八六。化学反応論の権威で、モスクワ科学アカデミーの化学物理学研究所所長を務めた。五六年ノーベル化学賞受賞。

ソビエトの科学者たちへの返事

アルバート・アインシュタイン

私の、四人のロシアの同僚たちが、『新時代《ニュー・タイムズ》』に寄せられた公開状で、私にたいする好意ある攻撃を公表しました。彼らのはらわれた努力には感謝するものですが、それにもまして私がありがたく思っているのは、彼らがあのように率直かつ直截《ちょくせつ》に自分たちの見解を表明してくれたという、その事実であります。人間どうしのいざこざにおいて知的に振舞うということが可能になるのは、人がその反対者の考えていることと、その動機、さらに気にかかっていることを全面的に理解するようにつとめ、その結果当の相手の目を通して世界を見ることができるようになるというふうに心がけていく場合に限られています。すべての善意の人たちは、このような相互理解を深めるために貢献することを、できるだけ多くの機会をとらえて試みるべきだと思います。ロシアのわが同僚たちならびにその他の一般の読者にたいして、彼らの公開状にたいする以下のような返事を受け取ってくださるようにお願いしたいと私が思うのは、この精神においてなのであります。それは、従うべき「真理」あるいは「正しい道」は自分自身でわきまえているとの幻想をいだくことなしに、実行可能な解決を求めて暗中模索しているひとりの人間の返事なのであります。以下で、もしも私が自分の見解を幾分独善的に表明するようなことがあるとしても、それは明晰《めいせき》さと簡潔さのためにすることにすぎません。

あなたがたの手紙は、主として非社会主義的な諸外国、とくにアメリカ合衆国にたいする攻撃を表わすものでありますが、それにしても、その攻撃的な前線の背後にはほとんど際限のないほどに強い孤立主義への傾向という以外に言いようのない一つの防御的な精神的態度がひそんでいるように、私には思えてしかたがありません。過去三〇年間にロシアが諸外国からどれほどの苦難をなめさせられたかを認識するならば、孤立主義への逃避ということも理解するにかたくありません——ドイツの侵略戦争にともなって非戦闘員の計画的大量殺害があり、内戦の期間を通じて諸外国の干渉が絶えず、西欧の新聞ではソ連を中傷する組織的運動が展開され、ロシアと戦うための道具だという名目でヒトラーを支持することさえありました。その意味ではこの孤立への願いがどんなに理解可能なものであるにしても、それがロシアならびに他のすべての国々にとって災を招くものであることにはやはり変わりはないのです。このことについては、あとでもう一度触れることにします。

私にたいするあなたがたの攻撃の主要な点は、私が「世界政府」を支持しているということにかんするものですが、この重要な問題の議論にはいるのは、社会主義と資本主義との間の対立関係について若干の私見を述べてからにしたいと思います。というのは、この対立関係の意義についてのあなたがたの態度が、国際問題についてのあなたがたの見解を完全に支配しているように思われるからです。社会経済的問題として客観的に考察した場合には、この対立関係は次のような状況になっています。つまり、技術工学的開発の結果、経済機構の中央集権化がますます増大することになったのです。すべての広汎《こうはん》に工業化された国にあっては、経済力が比較的少数の人たちの手に握られるようになってきているという事実もまた、この種の技術開発に起因するものです。資本主義国にあっては、これらの少数者は、自分たちの行動を全人民に納得させる必要はありません。しかし、社会主義国にあっては、政治権力を執行する人たちと同様に彼らもまた市民への奉仕者である以上、その行動は全人民を納得させるものでなければならないというわけです。

社会主義経済なるものが、少なくともある程度まで適切な基準に従ってその運営が行なわれているかぎりでは、その欠点を補うにたる利点を確かにもつものであるという点では、私はあなたがたと意見を同じくするものです。ロシアがその力強い行動によって、極度の困難にも屈せず計画経済の実行可能性を最初に実証してみせてくれたことにたいして、すべての国々(ただし、そのときにもまだそのような国家なるものが存在するかぎりの話として)が感謝の念をいだくような日がやってくるだろうということには疑いはありません。さらに、資本主義あるいは自由企業の体系というべきものが、技術開発によってますます慢性化してくる失業を阻止する能力がないこと、またそれが生産と大衆の購買力との間の健全なバランスを維持する能力のないこと、これらのことがいずれ証明されることになるだろうということもまた、私の信じるところであります。

他方、われわれは、現存するすべての社会的・政治的悪弊を理由に資本主義を非難する誤りを犯すべきではありませんし、また社会主義を打ちたてさえすればそれだけで人間社会のありとあらゆる社会的・政治的悪弊がいやされるだろう、と仮定する誤りを犯してもなりません。このような信念の危険性は、まず第一に次のような事実に見られます。すなわち、社会組織として可能な一つの形式にすぎないものを、教会とでもいったタイプのものに仕立てて、それに属さないすべての人たちに裏切者ないしはがまんできない悪玉との烙印《らくいん》を押すことによって、それはすべての「忠誠派」の側での狂信的な非寛容さをあおり立てることになります。いったんこの段階にまでいってしまいますと、「非忠誠派」の信念や行動を理解する可能性は完全に消滅します。このようなかたくなな信念がどれほど多くの苦難を人類に負わせてきたかということを、あなたがたは歴史から十分ご承知のことと私は確信しています。

いかなる政府も、それが専制政治へ堕落する傾向を内蔵しているかぎりでは、それ自身一つの悪であります。しかしながら、ごく少数の無政府主義者を除けば、われわれはだれでも政府というものなしでは文明社会は存在しえないことを確信しています。健全な国にあっては、国民の意志と政府との間には一種の動的《ダイナミック》な平衡が保たれており、それが専制政治への堕落を防いでいます。明らかに、政府の掌握する支配的権力が、軍隊にたいしてだけではなく、教育・情報のあらゆる経路にわたっていたり、さらにまた個々の市民すべての経済的生存にまでもおよんでいるといった国においては、この種の堕落の危険性はずっとさしせまったものになります。私がこのようなことを言うのは、次のことを指摘したいためにほかなりません。つまり、社会主義そのものをあらゆる社会的問題の解決と見なすことはできないのであって、むしろそれは、そのような解決がその内部では可能であるようなたんなる一つの枠組《わくぐみ》と見なされうるということです。

あなたがたの公開状に見られるかぎりで、あなたがたの一般的態度のなかで私をいちばん驚かせたのは、次のような側面です。つまり、あなたがたはこと経済にかんする領域では、無政府状態にたいするあのように熱烈な反対者でありながら、こと国際政治にかんする領域では、同様に熱烈な無政府状態、すなわち無制限の国家主権の擁護者であるという点です。個々の国家の主権を制限するという命題は、一種の自然権の侵害としてそれ自身非難すべきもの、とあなたがたは見なされています。それればかりではありません。あなたがたは、国家主権の制限という考えの背後には、アメリカ合衆国の、戦争にまでいくことなしに世界の自分以外の区域を経済的に支配し搾取しようとする野望が隠されているのだ、ということを証明しようと試みています。あなたがたは、さきの大戦終了以後のアメリカ政府の個々の行動をあなたがた一流のやり方で分析することによって、この告発状を正当化しようとしています。あなたがたは、国連総会がアメリカ合衆国によって、したがってまたアメリカの資本家たちによって操られる一種の人形芝居にすぎないことを証明しようとしています。

この種の議論は、一種の神話のような印象を私に与えます。それらは人を十分納得させるものではありません。ただし、この種の議論が明らかにしているのは、われわれ両国の知識人の間が深く疎隔されているということです。この種の疎隔は、悲しむべき人為的な相互孤立化の結果にほかなりません。もしも個人的に見解の自由な交換が可能になり、さらにそれが奨励されるということになれば、知識人こそ、おそらくほかのどんな人にもまして、両国民間ならびにそれぞれの問題の相互理解の雰囲気《ふんいき》をつくり出すことに役立つことができるでありましょう。このような雰囲気は、政治的な協力の実りの多い発展にたいする一つの必要な前提条件であります。しかしながら、われわれとしては当分の間は「公開状」というめんどうな方法を頼りにするほかない以上、私はあなたがたの議論にたいする私の応答を簡単に示しておくことにしたいと思います。

われわれの公共生活にたいする経済的寡頭政治の影響がきわめて強力であることをだれも否定しようとはしないでしょう。しかしながら、この影響は過大評価されるべきではありません。フランクリン・デラノ・ルーズヴェルトは、きわめて強力なこの種のグループの必死の反対運動にもかかわらず、大統領に選ばれましたし、三度も選出されました。しかもこのことは、重大な結果を生む決定がなされねばならない時期に起こったのでした。

終戦以降のアメリカ政府の政策にかんして、私としては、それらを正当化したりあるいは説明する意志もなければ、その能力も、またその資格もありません。しかしながら、次のことを否定することはできません。すなわち、原子力兵器にかんしてのアメリカ政府の提案は、少なくとも超国家的な保障組織をつくり出すという方向への一つの試みを表わしたものでした。もしこの提案がそのまま受け入れがたいものであったにしても、少なくとも、それらは国際的な安全保障問題の真の解決のための討論の一つの基礎としては役に立つものであったと思います。ところが実際は、この案にたいしなかば否定的なかば引きのばし的であったソビエト政府の態度によって、この国の善意ある人たちが彼らの欲するままにその政治的影響力を利用して「戦争商人たち」に反対することを、きわめて困難なものにしたのでした。アメリカ合衆国の国連にたいする影響力について、私の意見としては、それはアメリカ合衆国の経済的・軍事的な力だけから生じたものではなく、安全保障問題の真の解決の方向へ世界をリードしようというアメリカ合衆国ならびに国連の努力からも生じているということを、言っておきたいと思います。

論争の的になっている拒否権については、それを廃止または無効にしようという努力のそもそもの原因は、アメリカ合衆国の特定の意図にあるというより、むしろ拒否権という特権が濫用されてきたというその運用方式にある、と私は信じるものです。

さてここで、アメリカ合衆国の政策は他国民の経済的支配および搾取の成就をもくろんでいるものだ、というあなたがたの提言に立ちもどることにしましょう。目的とか意向とかいったことについてなにか信頼できることを言おう、ということはかなりあぶなっかしい仕事ですので、むしろそれに関係している客観的な因子を検討することにしましょう。アメリカ合衆国は幸運にも、すべての重要な工業生産物ならびに食料を自分自身の国内で、しかも十分な量を生産しています。この国はまたほとんどあらゆる原料を保有しています。ただし、「自由企業」にたいする頑固《がんこ》なまでの信仰のために、この国は国民の購買力を、国の生産能力とうまく均衡を保たせていくことができないでいます。失業がいつかは脅威的な規模に達するだろうという危険にたえずさらされているというのは、まさにこれらの理由によるものにほかなりません。

この種の事情のために、アメリカ合衆国はその輸出貿易を強化せざるをえないのです。それなくしては、この国の全生産機構を、それが完全に利用されている状態に保つことは永久に不可能になるでしょう。もしも輸出がだいたい同じ価値をもつ輸入と均衡を保っているならば、この種の条件は有害なものにはならないはずでしょう。そうだとすれば、他国民の搾取ということが成り立つのは、輸入される労働価値が輸出のそれをかなりの程度上回ることになるという事実があるからだということになります。しかし、ほとんどの場合、輸入ということはいずれも生産機構の一部を遊ばせる結果になるものである以上、このような結果を避けるためにあらゆる努力がはらわれつつあるわけです。

このことが、諸外国がアメリカ合衆国の輸出商品にたいしてそれに見合う価格の支払いができないでいる理由なのです。この決済はアメリカによる輸入を通してのみ、実際に可能になるはずです。長い目で見れば、このような事情が、なぜ世界じゅうの金《きん》の大部分がアメリカ合衆国に集まることになったかということを説明してくれます。全体として見れば、この金は外国商品を購入する場合以外には流用することができないものですが、このような場合は、すでに述べておいた理由のために実行不可能なのです。したがって、この金はそのままそこに厳重な盗難予防を施されて眠っているわけであります、政治の知恵の記念碑として、また経済科学の記念碑として。私がただいま指摘した種々の理由から、あなたがたによって申し立てられたアメリカ合衆国による世界の搾取ということをきわめて真剣にとり上げることは、私としては困難なのであります。

しかしながら、いま描いたような状況は重大な政治的な一面をもっています。アメリカ合衆国はいま指摘したような理由から、諸外国へむけてその生産物の一部を送り出さざるをえないわけですが、この種の輸出は合衆国が諸外国に与えている貸付金によってまかなわれます。これらの貸付がいったいどのようにして返済されることになるかを予想することは、実際のところむずかしいことです。結局、実際問題としては、これらの貸付はいつでも贈与と見なされねばならないもので、権力政治の舞台における武器としてそれが利用されることもありうるわけです。世界に現存している諸条件および人間というものの一般的な特性から考えれば、このことが現実の一つの危険を表わすものであるということは、私も率直に認めます。しかしながら、われわれの精神の発明物や物質財がいかなるものでも武器に変じられ、その結果としてそれらが人類にたいする一つの脅威をつくり出すことになりがちだというのは、われわれがたまたまめぐり合わせたある状態の国際問題のもつ傾向なのだというのが、ほんとうのところではないでしょうか。

この疑問はもっとも重要な問題、それに比べれば他のあるゆることがまさに無意味に見えるような問題をわれわれにもたらすのです。権力政治は、遅かれ早かれ必然的に戦争に導くものであり、現在の情勢のもとでは、その戦争は歴史上かつて見られたいかなるものに比べても、はるかに大きな規模での人間と物質財の大量破壊を意味することになる、ということをわれわれすべては現に知っているのであります。

われわれの激情のために、われわれが受けついでいる習慣のゆえに、保存すべき価値ありと思われるものをなに一つ残さないまでに徹底的にたがいに抹殺《まっさつ》し合うという運命はわれわれには避けられえないのだということ、それはほんとうに不可避的なのでしょうか。われわれの奇妙な往復書簡中で言及されてきた意見の相違や対立のすべても、われわれのすべての身に降りかかっている危険に比べれば無意味なほどの瑣末《さまつ》事《じ》にすぎないというのが、ほんとうではないでしょうか。あらゆる国民をひとしく脅かしている危険を除去するためには、われわれは力のおよぶかぎり、あらゆることをすべきではないでしょうか。

もしもわれわれが、無制限の国家主権という概念とその現実に固執するというのであれば、それはそれぞれの国が戦争類似の手段で自国の目的を追求するという権利を固有のものとして保留することを意味するにほかなりません。現在のような周囲の情勢のもとでは、あらゆる国家はその種の可能性にそなえて準備を調《ととの》えておかねばなりません。このことは、それぞれの国家は他のどの国家よりも優越しようとして全力を尽くさねばならないことを意味します。このような目的はやがてますますわれわれの全公共生活を支配することになり、破滅そのものが現実にわれわれに降りかかるずっと前に、青年たちを毒することになるでしょう。しかしながら、冷静で理性的な考え方と人間的な感情のほんの一片でもわれわれになお残っているかぎり、われわれはこのようなことを許してはなりません。

「世界政府」という考えを支持するというときに、私の心をとらえているのはただこのことだけであります。同じ目的のために働いているさいに他の人の心を占めているものはいったい何かということは、まったく念頭にないのであります。私が世界政府を擁護するのは、人間がこれまでに見舞われることになったもっとも恐るべき危険を除去する方法としては、それ以外に可能な方法は存在しないと確信するからであります。全体的破滅を避けるという目的は、他のいかなる目的にたいしても優先するものでなくてはなりません。

この手紙が、私として能うかぎりの真剣さと誠実さを尽くして書かれたものであることを、あなたがたはさだめし堅く信じてくださることと、私は思います。あなたがたにも、この手紙を同じ精神で受け取っていただけるものと信じます。

アインシュタイン「公開書簡」解説

佐藤　優

一般相対性理論の提唱で有名な理論物理学者のアルバート・アインシュタイン（一八七九〜一九五五年）は、米国の原爆開発に関与したことを深く反省し、第二次世界大戦後は平和運動に精力的に取り組んだ。

一般論として、脅威は意思と能力によって構成される。人類が核兵器という人類を破滅させる能力を持ってしまった以上、脅威を除去することは、人間と人間によって形成される国家の意思を変化させることによってしか実現できない。それだから、アインシュタインは、一九四七年の第二回国連総会に公開書簡を提出した。

アインシュタインの公開書簡を解釈するにあたっては、一九四七年というタイミングが重要である。ここで指摘しておきたいのは、三つのことだ。

第一は、米ソの対立が未だ本格化していなかったことである。米ソの関係が決定的に悪化したのは、一九四八年二月にチェコスロバキアで共産党が無血クーデター(「二月事件」)を行なって、民主的な選挙を通じた資本主義政党と共産党による連立政権が崩壊した後のことだ。

第二は、一九四八年五月にイスラエル国家が建国される以前であるということ。

第三は、ソ連のスターリン主義政権が、ユダヤ人に対して宥和的姿勢を取っていた時期であるということだ。ソ連は、反英国帝国主義という立場から、パレスチナにおけるシオニスト系ユダヤ人によるイスラエル独立闘争を支援していた。一九四九年に入るとソ連で激しい反ユダヤ主義キャンペーンが展開されるようになる。

以上、三つの事柄を念頭に置いて、アインシュタインの書簡を読み進めていきたい。

アインシュタインは、人類は危機的状況に直面しているとの認識を表明する。

「あらゆる国々のあらゆる市民、その子どもたち、さらに市民の日々の仕事が、今日のわれわれの世界を支配している恐るべき不安に脅かされている、という事態がわれわれをとらえています。技術工学的開発の進歩は人間社会の安全と福祉を増進するものにはなっていません。われわれが国際的組織の問題を解決する能力に欠けているために、技術開発の進歩は現実には、平和と人類の生存そのものを脅かす危険に貢献するものになっています。」（七頁）

この前提となるのは、核兵器開発だ。まだこの時点で、ソ連は核実験に成功しておらず（ソ連による初の核実験は一九四九年八月二九日）、米国が原爆を独占している状態だった。アインシュタインは偶発的戦争を阻止するために、国連の機能強化が重要と考えこう述べる。

「どんな国際組織も、規約によってそれに与えられている権限以上に、つまりその構成員がそれに希望している以上には強力であることはできません。実際問題として国連がきわめて重要かつ有用な制度であるというのには、世界各国の国民およびその政府によって、それが究極目標にたいする一つの過渡的なものにすぎないことが認識されることが、絶対必要です。この究極的な目標とは、平和を維持するために十分な立法上のかつそれを執行する上での権限を委ねられた超国家的な権威を樹立することです。現状の行きづまりは、信頼するにたる十分な超国家的権威が存在しないという事実の表われです。その結果、すべての政府の責任ある指導者たちは、偶発的戦争という仮定に基づいて行動することを余儀なくされております。このような仮定から発して打たれる手はことごとく、一般的な恐怖および不信感を育てる結果となり、さらに終局的な破壊を促進することになっています。国家の軍備がどんなに強力なものであろうと、それはいかなる国家にとっても、軍事的な安全保障をつくり出してくれるものにはならず、また平和の維持を保証してくれるものでもありません。」（八～九頁）

そして、国連の機能強化のために、安全保障理事会の拒否権を覆す権限を総会に与え、国連代表を政府による任命から、国民による直接選挙に切り替え、総会を常時開会するべきであると提言する。それは既存の国際法体系では、国際関係の基本とされていた国家主権に制約を加える効果をもたらす。しかし、国家主権を制限しない限り、戦争準備を止めることはできないという認識に基づいてアインシュタインはこう述べる。

「国家主権という伝統的な概念を修正することなしには、原子力の国際的な制御や管理や一般的な軍備撤廃とかについての完全な意見の一致を見ることは、絶対不可能です。なぜならば、原子力や軍備が国の安全保障の決定的要素と見なされているかぎり、いかなる国も国際条約にたいしてお義理のサービス以上のものを提供しようとはしないでしょうから。安全保障ということは分割できることではありません。それが達成できるのは、そのために必要な法とその法を強制する力の保証があらゆる場所で与えられており、その結果軍事的な安全保障ということが、もはやいかなる国家にとってもその国単独の問題にはなりえないという場合に限られます。一方では戦争のための準備を、他方では法と秩序に基づく一つの社会としての世界の準備をといったふうに、これら両者を折衷することは絶対不可能なことです。」（九頁）

この時点では萌芽に過ぎないソ連と資本主義大国（とりわけ米国）との対立が、近未来に深刻な事態を引き起こすことがアインシュタインには見えたのである。

「国連の諸大国が、この種の損得勘定にかんしてその意向を決めかねているありさまであるために、いまなお世界は全般的には一種の危険ないたちごっこにふけっています。東西の両ブロックはおのおの、それぞれの勢力を優勢にしておくために狂奔しています。国民皆兵的な軍事訓練、東ヨーロッパにおけるロシアの軍隊、太平洋諸島にたいするアメリカ合衆国の一方的管理、オランダ、イギリスおよびフランスのかたくなな植民地政策、原子力および軍事機密の保持――これらのことはすべて、馬を好い位置につけるために騎手の弄する昔なじみのやり口の一部にほかなりません。」（一〇～一一頁）

第二次世界大戦で、ドイツ、オーストリア、イタリアなどの枢軸国が敗北したことにより、米ソを中心に権力の空白の再編が行なわれているというのがアインシュタインの基本認識だ。その結果、それぞれの国家が軍事同盟を形成し、二つの陣営の対立が深刻になる。ただし、直ちに現実の戦争には至らない。武力行使に至らない「冷たい戦争」（冷戦）が起きつつあるというのがアインシュタインの見立てだ。これに核兵器が加わると、地球を破滅させかねない絶滅戦争が起きるかもしれない。

アインシュタインの危惧は、その後、現実になる。とくに深刻だったのが一九六二年一〇～一一月、ソ連のキューバへの核ミサイル配置によって起きたキューバ危機だ。あのとき米国のケネディ大統領とソ連のフルシチョフ共産党第一書記が、英知と勇気によって危機を回避しなければ、核兵器を用いた第三次世界大戦が勃発し、億単位の死者が発生していたかもしれない。

興味深いのは、アインシュタインが米ソの対立をイデオロギーに基づくものと見ていないことだ。

「究極目標――それは一つの世界なのであって、二つのたがいに敵視し合う世界ではありません――を達成するためには、この種の部分的世界政府が世界の残りの部分に対抗する一種の同盟軍として行動するというようなことは、けっしてあってはなりません。真に世界政府を目ざす歩みとなるものは世界政府そのものであって、他の何ものでもないのであります。

世界政府においては、構成諸国間の種々のイデオロギー上の差異は重大な結果を招くものではありません。現在アメリカ合衆国とソビエト連邦との間に見られる諸困難は、第一義的にはイデオロギー上の差異に基づくものではない、と私は確信するものです。もちろん、これらのイデオロギー上の差異は、すでに重大なものになっている緊張状態をあおり立てている一つの要素ではあります。しかし、もしもアメリカ合衆国とロシアがともに資本主義国家であったとしても――あるいはともに共産主義国家であっても、あるいはともに君主国家であっても、話は同じです――、両者の競争意識、相反する利益また相互の猜疑心が、今日両国間に存在しているのと同様の緊張状態を生むことになるだろう、と私は確信しています。」（一四〜一五頁）

一九九一年のソ連崩壊後、しばらくのユーフォリア（幸福感）の時期を経て、米国とロシアは再び対立するようになった。この点でもアインシュタインの予言は正しかった。アインシュタインには、大西洋と太平洋の間にある海洋国家である米国と、ヨーロッパとアジアにまたがるユーラシアの大陸国家であるロシアは、地政学的に対立する宿命にあると認識されていたのであろう。

ちなみに二〇一八年に入り、米ロの対立は一層深刻になっている。特にロシアが米国のミサイル防衛（MD）システムを突破する核兵器の搭載可能なミサイルを開発したことで、軍拡競争が飛躍的に拡大する危険性がある。この新兵器について二〇一八年五月一一日の「朝日新聞」朝刊が興味深い報道をしているので紹介する。

「時速1万キロを超える極超音速で飛ぶとされるロシア軍の新型ミサイル『キンジャル』が9日、モスクワで開かれた軍事パレードで正式に一般公開された。核弾頭を積めるとしており、他の核保有国などとの軍拡競争の呼び水になる危険性がある。公開されたミサイルは白く塗装され、軍用機ミグ31Kの胴体下に取り付けられた状態で、赤の広場の上空を通過した。

ロシア国防省や政府系メディアなどによると、一般的な巡航ミサイルの速度（時速900キロ程度）よりはるかに速いマッハ10（時速約1万2200キロ）という極超音速で飛び、2千キロ先の目標を攻撃できるという。」

この新兵器によって、米国のMDシステムは無力化するので、米国はロシアより強力な攻撃用核兵器を開発するであろう。アインシュタインが提唱したように何らかの形で国家主権概念を変化させなければ、意図的もしくは偶発的な核戦争によって人類が滅亡してしまう危険がある。

話を一九四七年にもどそう。

アインシュタインの公開書簡に対して、同年の一一月に四人のソ連の科学者（ヴァヴィロフ、フルムキン、ヨッフェ、セミィヨノフ）が「アインシュタイン博士の考えの誤り」と題する反論の公開書簡を発表した。

ロシア語に「ソッツザカース」（ソツィアルヌィー・ザカース〔社会の注文〕の略語）という言葉がある。「ソッツザカース」とは、ソ連政府の立場を忖度して、知識人がその立場を表明するものだ。ここでは、アインシュタインが一人の知識人として発言しているのに対して、ソ連の学者はソ連政府（すなわちソ連共産党）の立場を代弁していることになる。

彼らはまず、「世界政府」という発想が、国際的な独占資本（二一世紀的に言うならばグローバルな資本）の利益を代弁しているものに過ぎないと指摘する。「『世界政府』の信奉者たちは、この原子力時代では国家主権は過去の遺物であるとか、あるいはまたベルギー代表スパークが国連総会で言ったように、それは『時代おくれ』であるばかりか『反動的』でさえある考えだといった、一見急進的な議論をさかんに弄していいます。これ以上真理にほど遠い言い分は、想像してみることもむずかしいでしょう。

まず第一に、『世界政府』ないし『超国家』という考えは、原子力時代の産物ではけっしてなく、それよりもはるかに古いものです。例えば、国際連盟が形成された時期においても、これらの考えは話題になりました。
それればかりでなく、いまあげた最近の時期においても、これらの考えはけっして進歩的なものであったわけではないのです。それらは、主要な工業諸国を支配している資本主義的独占が自分自身の国境を狭すぎるものと見なしているという事実の反映なのです。彼らの必要とするものは世界的規模での市場であり、世界的規模での資源であり、世界的規模での投資圏なのです。諸大国の独占業者たちは、政治上・行政上の事柄における彼らの支配力をよいことにして、勢力圏を求めての彼らの闘争、また経済的・政治的に他国を従属させ、それらの国々においてまるで自国におけるように自由に主人顔で振舞えるようにするための彼らの策動のために、政府の機構を利用しうる地位を占めています。」（一九～二〇頁）
この見解をソ連のプロパガンダ（宣伝）として退けてはならない。確かに、超国家的な「世界政府」という発想は、グローバルな資本の利益に合致しているからだ。ソ連の学者たちは、「帝国主義のイデオローグたちが国家主権という考えそのものを否認しようと苦心惨憺しているというのも、このような社会的な命令にそうものなのです。『世界国家』のためという目を惑わす計画を擁護することは、彼らが頼りにしている方法の一つにほかなりません。世界国家は、帝国主義、戦争、国家的憎悪を一掃するはずであり、普遍的法の勝利を保証するはずである、などというのが彼らの言い分です。／このように、世界制覇を目ざして驀進しつつある帝国主義的諸勢力の略奪的貪欲は、資本主義諸国内のある種の知識人たち――科学者、作家、その他――に訴える力のある、まがいものの進歩的考えという外観によって偽装されています」（二二頁）と強調する。この主張は、現在、反グローバル主義の立場から国家主権を強化することを主張するフランスのエマニュエル・トッドの見解とも親和的だ。

もっとも当時のソ連の学者たちの場合、それが帝政（ツァーリズム）ロシア時代の経験と結びついているところに特徴がある。それだから、こう述べるのである。

「われわれはこのことを、われわれ自身の国の過去の経験からきわめてよく知っています。ツァーリズムのもとでのロシアは、資本の利益に唯々諾々として迎合するばかりであった反動的な支配体制と低賃金労働、さらに厖大な天然資源とが相まって、外国資本にとって魅惑的な好餌でありました。フランス、イギリス、ベルギーおよびドイツの諸企業は、猛禽のようにわが国を貪り食い、自国でなら考えられないような巨利を博していました。彼らはツァーのロシアを、途方もない借款という鎖で資本主義の西洋諸国に結びつけたのでした。外国銀行から得た資金にささえられて、ツァーの政府は残忍なやり方で革命運動を弾圧し、ロシアの科学と文化の発展をおくれさせ、またユダヤ人にたいする組織的虐殺を扇動しました。」（二〇頁）

ここで興味深いのは、ソ連の学者たちが帝政ロシア時代のユダヤ人にたいする組織的虐殺（ポグロム）について言及していることだ。アインシュタインがユダヤ人であることを意識した発言である。ユダヤ人虐殺のような民族的、人種的敵意を煽る行為を資本主義国家は必然的に行なうのだということをソ連は強調したかったのであろう。もっともこの書簡がソ連で反ユダヤ主義キャンペーンが吹き荒れる一九五〇年代に書かれていたならば、このようなポグロムに関する記述はなかったであろう。

第二次世界大戦後、ソ連はシオニズム（パレスチナへのユダヤ人の帰還運動）に対して好意的だった。一九四八年五月にイスラエルが建国されたときも、ソ連はただちに国家承認を行なった。また、一九四八〜四九年の第一次中東戦争のときも、ソ連は共産化したチェコスロバキアを通じてイスラエルを軍事的に支援した。これは、反英国帝国主義という観点から、イスラエルを支持することが、ソ連の国益に合致すると考えたからだ。しかし、ロシア社会の底流には、ソ連時代になってからも反ユダヤ主義が根強く存在した。また、イスラエル建国によって、ソ連の知識人や技術者がイスラエルへ移住することによる国益の損失を意識するようになり、一九五〇年代に入るとソ連のシオニズムに対する姿勢は冷淡になった。そして、一九五三年一月一三日、高名なユダヤ人医師九人が、アメリカの手先となり政府要人の暗殺を企てたという理由で逮捕された。この事件は完全にでっちあげだった。同年三月五日にスターリンが死去し、四月三日になって医師団は無実であったとして釈放された。しかし、この事件後、ソ連社会でも反ユダヤ主義が頭をもたげるようになり、その傾向は一九九一年一二月のソ連崩壊まで続いた。

ソ連の学者たちの書簡に話をもどす。

ソ連の学者たちは、アインシュタインの具体的提言にことごとく反対する。「去る〔一九四七年〕九月、国連代表たちにあてた公開状において、アインシュタイン博士は国家主権を制限するための一つの新しい方式を示唆しました。彼の勧告によれば、総会はつくり直されて、安全保障理事会に比べてより大きな権限を与えられた一種の常設の世界議会に転化させられるべきだということです。安全保障理事会については、アインシュタインの言明（それはアメリカ外交の忠実な僕《しもべ》たちが日夜主張していることの繰り返しにすぎませんが）によれば、それは拒否権によって麻痺させられているというわけです。アインシュタイン博士の計画に従って再建される総会は、

最終的な決定権をもつことになり、大国間の一致の原則は放棄されねばならないことになります。」（二二〜二三頁）

その上で、資本主義体制と共産主義体制の対立が基本的問題であり、その根本的解決については、すなわちソ連の立場としては、資本主義国で革命が起きて共産主義体制への移行が起きない限り、「世界政府」の追求は無意味であると切り捨てる。

「彼（引用者注——アインシュタイン）は、相異なる社会的・政治的・経済的体制が共存しているこの世界において、一つの『世界政府』という幻影を追い求めているのです。もちろん、異なった社会的・経済的構造をもつ国々が社会的・経済的に協力し合うということは、これらの相違が厳然と認められているかぎりでは、それを禁止すべき理由は存在しません。しかし、アインシュタインが主唱しているところのものは、誠実な国際協力と永続的平和の不俱戴天の敵の手に操られている一つの政治的な道楽にほかなりません。彼が国連の構成員諸国にたどることをすすめている道の行く手は、より大きな国際的安全保障へ通じるものではなく、新たな国際紛争へ導くものとなるでしょう。それは、資本主義的独占企業家たちだけを利するものになるでしょう。なぜならば、それらの人たちにたいして新たな国際紛争が提供するものは、より多くの戦時契約とより多くの利潤との約束にほかならないからです。」（二七〜二八

頁）

ただし、このソ連の学者たちに、アインシュタインを敵視し、侮蔑する意図はない。それはこの書簡の末尾に、「以上われわれとしては、まったく率直に、一片の外交的粉飾もまじえずに語ることこそわれわれの義務と考えたのですが、それは、卓越した科学者としてのアインシュタインに、また同時に平和の大義を高くかかげるために能うかぎりの最善を尽くして奮闘している公共精神にみちたひとりの人間としてのアインシュタインに、きわめて高い敬意をわれわれがいだいているからなのでありま す」（一八頁）と記されていることからも明らかだ。スターリン主義体制下のソ連で、政治的にソ連と異なる立場を取るアインシュタインに対する敬意は、こういう表現でしか示すことができないのだ。アインシュタインもそのことをよくわかっているので、ソ連人学者たちの公開書簡を無視せずに、再反論の筆を執った。

もっともこちらには新たな論点はなく、アインシュタインは自らの立場を、再度、若干、異なった言葉で言い直すにとどまっている。そこで穏やかな表現で、ソ連も国家である以上、悪から免れることが原理的にできないと指摘する。

「いかなる政府も、それが専制政治へ堕落する傾向を内蔵しているかぎりでは、それ自身一つの悪であります。しかしながら、ごく少数の無政府主義者を除けば、われわれはだれでも政府というものなしでは文明社会は存在しえないことを確信していま す。健全な国にあっては、国民の意志と政府との間には一種の動的《ダイナミック》な平衡が保たれ ており、それが専制政治への堕落を防いでいます。明らかに、政府の掌握する支配的 権力が、軍隊にたいしてだけではなく、教育・情報のあらゆる経路にわたっていた り、さらにまた個々の市民すべての経済的生存にまでもおよんでいるといった国にお いては、この種の堕落の危険性はずっとさしせまったものになります。私がこのよう なことを言うのは、次のことを指摘したいためにほかなりません。つまり、社会主義 そのものをあらゆる社会的問題の解決と見なすことはできないのであって、むしろそ れは、そのような解決がその内部では可能であるようなたんなる一つの枠組と見なさ れうるということです。」（三五〜三六頁）

その上で、国家主権を制限することが焦眉の課題であることを再度強調する。

「もしもわれわれが、無制限の国家主権という概念とその現実に固執するというので あれば、それはそれぞれの国が戦争類似の手段で自国の目的を追求するという権利を 固有のものとして保留することを意味するにほかなりません。現在のような周囲の情 勢のもとでは、あらゆる国家はその種の可能性にそなえて準備を調えておかねばなり ません。このことは、それぞれの国家は他のどの国家よりも優越しようとして全力を尽くさねばならないことを意味します。このような目的はやがてますますわれわれの全公共生活を支配することになり、破滅そのものが現実にわれわれに降りかかるずっと前に、青年たちを毒することになるでしょう。しかしながら、冷静で理性的な考え方と人間的な感情のほんの一片でもわれわれになお残っているかぎり、われわれはこのようなことを許してはなりません。

『世界政府』という考えを支持するというときに、私の心をとらえているのはただこのことだけであります。同じ目的のために働いているさいに他の人の心を占めているものはいったい何かということは、まったく念頭にないのであります。私が世界政府を擁護するのは、人間がこれまでに見舞われることになったもっとも恐るべき危険を除去する方法としては、それ以外に可能な方法は存在しないと確信するからであります。全体的破滅を避けるという目的は、他のいかなる目的にたいしても優先するものでなくてはなりません。」（四二〜四三頁）

その後の歴史的経緯を見ると、アインシュタインが提唱する方向での国連の機能強化はなされなかった。むしろ、一九六〇年代から八〇年代にかけて、ソ連が「平和攻勢」を展開した。特にヨーロッパの中距離核兵器の撤廃を巡って、ソ連が展開した平和攻勢は、ヨーロッパでの反核運動のうねりをもたらし、米ソはヨーロッパ地域から中距離核兵器を撤去することになった。その結果、米国のヨーロッパにおける軍事的プレゼンスは著しく低下した。

米国は、ソ連の影響が強まった国連による縛りを嫌い、一国主義に傾いた。二〇一七年に米国でトランプ政権が誕生した後、米国の国連離れは一層進んでいる。このような状況で、主要国は帝国主義的傾向を強めている。これに核軍拡競争が加わると、人類が破滅する危険が生じかねない。その意味で、アインシュタインの世界平和に向けた提言を、もう一度、虚心坦懐に読み直すことが重要になる。

この文脈で、私が注目しているのは柄谷行人氏（哲学者）の言説だ。柄谷氏はヘーゲルをもっともよく読み込んでいる日本の知識人のひとりである。ヘーゲルの弁証法的構成において、総合（ジンテーゼ）があまりに安易になされてしまうことに柄谷氏は知的怠慢を感じているのだと思う。ヘーゲル弁証法を援用すれば、現実に生起する政治的現実を論理整合的に説明することはそう難しくない。しかし、それでは「国家主義者も、社会民主主義者も、ナショナリスト（民族主義者）も、それぞれ自らの論拠を引き出すことができます。しかも、ヘーゲルにもとづいて、それらのどれをも批判することができる」（柄谷行人『世界共和国へ――資本＝ネーション＝国家を超えて』岩波新書、二〇〇六年、一七八頁）という、思想的にほとんど無意味な結果しか招来しないことになる。ヘーゲルのように安直な解答を出すのではなく、むしろ、カントの二律背反（アンチノミー）にとどまって、徹底的に悩み続けるということが、知識人として責務であると柄谷氏が訴えているように私には思える。柄谷氏はカントを称揚し、次のように述べる。

「カントは、『他者を手段としてのみならず同時に目的として扱え』という格率を、普遍的な道徳法則として見いだしました。『目的として扱う』とは、自由な存在として扱うということです。自分が自由な存在であることが、他者を手段にしてしまうことであってはならない。すなわち、カントが普遍的な道徳法則として見いだしたのは、まさに自由の相互性なのです。そして、この場合、『他者』は、生きている者だけではなく、死者およびまだ生まれていない未来の他者をふくみます。たとえば、私たちが環境を破壊した上で経済的繁栄を獲得する場合、それは未来の他者を犠牲にすること、つまり、たんに『手段』として扱うことになります。／自由の相互性をこのように理解するならば、それが資本主義と国家に対する批判をはらむことは当然です」（同前、一〇二頁）

歴史や思想を生者の独占物とせず、死者、更に未来の他者を含めて考えるのは、世界宗教とナショナリズムに通底する視座だ。アインシュタインの人間観にも共通の要素がある。世界宗教、ナショナリズムがもつ死生観を柄谷氏は自らのアソシエーショニズム（各人が自発的な意志によって加入する結社を共同体の基本にすべきという考え）に取り入れようとしているように思われる。その形はまだ明確な輪郭をとっていない。ただし、このアソシエーションはアインシュタインが唱えた国家主権を超えた「世界政府」に通底する内容を持つ。

人間には表象能力がある。この表象能力を操作することによって、人間は自己の生命を他者、共同体、理念などのために放棄するという覚悟をもつことができる。これこそが思想の力である。ただし、自己の生命を放棄する気構えができた人間は他者の生命を奪うことを躊躇しなくなる。世界宗教、ナショナリズムはいずれも自己の生命を放棄する覚悟を人間に比較的容易に抱かせることができる。それだから、世界宗教、ナショナリズムは大量殺人を引き起こしやすいのである。柄谷氏はこの点を深く認識している。

私の理解では、柄谷氏は暴力によって担保された国家というシステムを解体もしくは脱構築することを真剣に考えている。その意味で、柄谷氏の言説はアナーキズムと親和的だ。しかし、柄谷氏は、国家というシステムを解体する過程にあって、限定的であれ、暴力の行使を認めようとしない。従って、反体制派や異論派の言説の中に潜む暴力性、テロリズムに対する忌避反応が強い。
「理性を構成的に使用するとは、ジャコバン主義者（ロベスピエール）が典型的であるように、理性にもとづいて社会を暴力的に作り変えるような場合を意味します。それに対して、理性を統整的に使用するとは、無限に遠いものであろうと、人がそれに近づこうと努めるような場合を意味するのです。たとえば、カントがいう『世界共和国』は、それに向かって人々が漸進するような統整的理念です。
カントによれば、統整的理念は仮象（幻想）である。しかし、それは、このような仮象がなければひとが生きていけないという意味で、『超越論的な仮象』です。」（同前、一八三頁）
外交官、しかも情報（インテリジェンス）屋という、知性を暴力や支配のために構成的に誤使用し、恫喝や謀略を生業《なりわい》にしていた私にとって、アインシュタインの平和主義、柄谷氏の徹底した暴力やテロリズムへの忌避反応が、私には新鮮であるとともに魅力的なのだ。別の言葉でいうならば、私は外交官稼業によって染みついてしまった思考の暴力性をアインシュタインや柄谷行人氏の思想と真剣かつ徹底的に取り組むことで、除去したいと考えている。しかし、これこそが「統整的理念」でこの世では実現不可能なのかもしれない。一般論として、人間は自らもたない長所をもつ人間に惹かれるのである。それだから私はアインシュタインを尊敬している。

（作家・元外務省主任分析官）

付　物理学と実在

1　科学の方法についての一般的考察

科学者はつまらない哲学者だ、ということがこれまでよく言われてきましたし、それには確かに正当な理由がないわけでもありません。それならばどうして、哲学することを哲学者に任せておくことが物理学者としては正しいことであるはずだ、ということにならないのでしょうか。実際、一条の疑惑の跡もとどめえないまでに十分よく確立されている基本概念や基本法則の確固不動の体系をいつでも利用できるものとして手にしている、と物理学者が信じている時代には、さだめしそのようなことも正しいことでありえましょう。しかし、現代のように物理学の真の基礎そのものが問題視されるようになってくるといった時代においては、そのようなことは正しいことではありえないのです。現代のような時代、つまり経験に強制されてわれわれが否応なしにより新しい、より確かな基盤をさがし求めていかざるをえないような時代においては、物理学者は、理論的基礎の批判的考察という仕事を簡単に哲学者にあけ渡してしまうわけにはいかないのです。靴《くつ》が破損した場合、その場所をいちばんよく心得ているのはその人自身であり、痛みを確かに感じているのも彼自身なのですから。ただし、新しい基盤をさがし求めていくにあたっては、物理学者は、彼が現在使用している種々の概念が、ぎりぎりどのような範囲内で妥当なものとされ必然的なものになっているかを、自分自身の心のなかではっきりさせていくように力を尽くして努めなければなりません。

科学というものはすべて、日常の思考を洗練した以上のものではありません。物理学者の批判的考察といっても、それを彼自身の分野での諸概念の検討だけに限ることはおそらくできまいというのは、この理由によるものです。つまり、彼自身の畑での仕事に比べてもっとはるかに困難な問題、すなわち日常の思考の本性を分析していくという問題を批判的にとり上げないかぎり、彼は前進することができないのです。

われわれの心の潜在意識の舞台には、感官による体験、それらについての記憶像、表象や感情といったものが、色とりどりの系列をつくって現われてきます。この心理学の世界とは対照的に、物理学が直接取り扱うのは、感官体験およびそれらの間の連関を「理解すること」だけに限られています。ただし、日常の思考での「実在する外（部世）界」という概念でも、その基になっているのは感官印象以外の何ものでもありません。

ここでまず最初に注意しなければならないことは、感官による印象（感覚）と表象とを区別するということは必ずしも可能でないということ、あるいは少なくとも絶対的に確実な区別は不可能だということです。この問題は一方では実在性の観念とも関係しますが、ここではこの問題の議論にかかわり合うことはしないで、ただ感官体験の存在ということを与えられたものとして、別の言い方をすれば、特殊な種類の精神的体験と見なしておくことにしましょう。

私の考えでは、「実在する外部世界」というものが設定されてくる第一段は、物体という概念およびいろいろな種類の物体という概念の形成にあると思います。多種多様なわれわれの感官体験のなかから、感覚のある種の複合体（その一部は、他の人々の感官体験にたいする人間相互間の標識として解釈される感覚と結びついて）が繰り返して現われることを、われわれは心のはたらきによって、しかも恣《し》意的に認めます。そしてわれわれはそれらに一つの意味――物体という意味を付与します。論理的に考えれば、この概念はそれがよりどころにした感覚の全体と完全に同一のものではありません。むしろ、それは人間（あるいは動物）の心の自由な創造物です。他方では、この概念のもつ意味ならびにその妥当性を根拠づけているものは、われわれがそれによって連想する感覚の全体であり、それ以外の何ものでもありません。

第二段で問題になるのは、次のような事柄です。つまり、（予想ということを決定する）われわれの思考においては、われわれはこの物体という概念に一つの深い意義を付与します。それは、元来この概念を生みだす源であった感覚からそれが高度に独立性をもつとするのです。このことは、われわれがその物体を目して「ある現実の存在」とするときにわれわれが意味しているところのことにほかなりません。このような設定の妥当性の根拠は、もっぱら次の事実にかかっています。すなわち、そのような概念やそれらの概念間を頭のなかで関係づけるということによってはじめて、われわれは感官の迷路のなかに自分自身の方向をはっきり見定めていくことが可能になるということです。たとえ、これらの概念や諸関係がわれわれの思考の結果をかなり勝手に言い表わしたものにすぎないにしても、これらのものはわれわれにとっては個々の感官体験自身に比べてずっと強固な、ずっと不変的なものとなってくるのです。それにしても、個々の感官体験は幻想や幻覚と比べてそれ以上に確かである、と完全に保証されているとはけっして思われない性格のものです。しかし一方では、これらの概念や諸関係は、とくに実在物の設定ということ、さらに一般的な言い方をして「実在世界」の存在ということは、これらによって知覚印象間のある相互連関が頭のなかで形成されるというそれらの知覚印象と実在が結びついているかぎりにおいてのみ、妥当性の根拠をもつわけであります。

われわれの感官体験の全体が、思考（すなわち、概念の操作およびそれらの間に一定の機能的関係をつくり出しかつ利用すること、さらにこれらの概念に感官体験を対応させること）という手段によって秩序立ったものにすることが可能であるようなものになっていることはまぎれもない事実なのですが——この事実については、われわれはただ驚異の念を感じるばかりですが——、しかしそれはわれわれが理解することはけっしてないであろうところの事実なのです。「世界の永遠の神秘はその了解可能性である」と言ってよいかもしれません。この了解可能ということがなければ実在する外界という設定も無意味なものになるだろうとは、イマヌエル・カント(1)の到達した偉大な認識の一つであります。

了解可能性についてのここの議論では、その表現としてはもっとも控え目な意味のものが用いられています。すなわち、了解可能性とは感官体験にある種の秩序が生みだされることを意味します。ただし、この秩序は種々の一般概念およびこれらの概念間の相互関係をつくり出すことによって、また諸概念と感官体験との間になんらかのやり方で一定の関係をつくることによって生みだされるものであります。われわれの感官《ジンネス》体験の世界が了解可能であるというのは、この意味《ジン》においてであります。しかし、それが了解可能であるという事実は一つの奇跡であります。

私の意見としては、いったいどのようにして諸概念をつくり出せばよいのか、どのようにそれらを結びつけることにすればよいのか、さらに、どのようにそれらを経験に対置させればよいのか、といったやり方や様式について、先天的に申し立てておけるようなことは、なに一つないように思われます。前にのべたような感官体験のある種の秩序がうまく整えられているかどうかを判定するものは、結果における成功ということだけです。ただし、一般的にいって概念の結びつきの規則だけははっきり取りまとめておかなければならないでしょう。というのは、この種の規則なしではわれわれの求めている意味での認識ということが不可能になるだろうからです。これらの規則をあるゲームの規則と比べてみるのがよいかもしれません。ゲームでは、規則自身は勝手なものであります。しかし、それがはっきり取り決められているからこそ、そのゲームが可能になるのです。しかしながら、この取り決めはけっして究極的なものであるはずがありません。それはさしあたり注目している適用範囲にたいしてのみ妥当性を主張することが許されるものなのであります(すなわち、カントの意味での究極的範疇《はんちゅう》というものは存在しません)。

日常の思考での基本概念と感官体験の複合体との結びつきは直観的にのみ把握《はあく》されうるものであり、それは科学的な論理による確定によって達しうるものではないのです。しかし、この種の結びつきの総体——そのどの一つをとっても概念としては理解することができないものですが——こそ、科学という大建造物を、ある論理的ではあるが内容空虚な概念の一式から区別するただ一つのものなのです。つまりこれらの結びつきのおかげで、科学の純粋に観念上の諸命題が、感官体験の複合体にかんしての一般的な供述に転化するわけであります。

感官体験のつくる典型的な複合体と直接にかつ直観的に結びついているような種類の概念を、一次概念とよぶことにしましょう。他のすべての概念は——物理学の見地からすれば

――それらが命題によって一次概念と結びつけられるかぎりにおいてのみ意味のあるものになるのであります。これらの命題は、一部は概念（およびそれから論理的に導かれる陳述）の定義であり、一部は定義から導かれない命題で、それらは少なくとも「一次概念」相互間の間接的な関係を表わすもの、したがってその意味で感官体験間の間接的関係をのべているものになっています。この後者の種類の諸命題が「実在にかんする立言」あるいは「自然の法則」なのです。すなわち、一次概念を使って把握された感官体験にたいして適用された場合に、その有用性を発揮すべき定理にほかなりません。いろいろな命題のなかで、どれを定義としどれを自然法則と見なすべきかという問題は、そのさいに選ばれた表現の仕方によって大きく変わってくることになるでしょう。この種の区別をすることが実際に必要になってくるのは、問題にしている概念体系の全体が、物理学の立場から見てどの程度に空虚でないかを検討しようという場合に限られています。

科学的体系の多層構造

科学の目的は、第一に多様性を示す全体としての感官体験を可能なかぎり完全に概念を使って把握すること、およびそれらの間に連関をつけることであり、他方においては最小限度の一次概念と相互関係とを適用することによってこの目的を達成すること（可能なかぎり、世界像における統一性、すなわちその基礎の論理的な簡単さを求めること）にあります。

科学が問題にするのは、一次概念の全体、すなわち感官体験に直接結びついている諸概念であり、それと同時にそれらを結びつけている諸命題であります。科学が発展していく最初の段階においては、科学はこれ以外の何ものをもふくんでいません。われわれの日常的な思考もまた、全体としては大ざっぱにいってこのレベルで満足しています。しかしながら、このようなことは、真に科学的な志向をもった精神を満足させることができません。なぜならば、このようなやり方で獲得された概念や関係の全体は、論理的統一性という点でまったく不十分なものだからです。この欠点を補うために、人は一次概念や相互関係が比較的とぼしい一つの体系を考案します。ただし、この体系は論理的に導きだすことのできる概念および相互関係として、「第一層の」一次概念および相互関係を保有しています。この新しい「第二の体系」は、そのより高度な論理的統一性を獲得する代償として、感官体験の複合体とはもはや直接的には結びつかない基本概念を（第二層の概念として）持つことになります。論理的統一性をさらに追求していくと、第二層（したがって間接的には第一層）の諸概念や諸関係を導きだすための、それ自身の概念や関係としてはより少なくなった第三の体系にわれわれは到達することになります。このような具合に話は進んでいって、結局われわれは、依然としてわれわれの感官によって与えられるものの諸性質とは両立してはいますが、考えうる最大限の統一性をもち、論理的な基盤になる概念については最大限にきりつめた一つの体系に到達するわけです。いったいこのような努力をつづけていくと一定の体系が与えられることになるものかどうかは、われわれにわかっていません。もしも人が当人の意見を問うならば、おそらく彼は否《いな》と答えたくなるでしょう。しかしながら、この問題に取り組んでいる間は、あらゆる目的のなかで最大のものであるこの目的が実際にきわめて高い程度にまで達成されうるという希望を、人はけっして放棄しようとしないのであります。

抽象化の理論とか帰納法の信者ならば、われわれの各層のことを「抽象度」とよぶかもしれません。しかし私は、感官体験からの概念の論理的独立性をかくしてしまうことが正しいことだとは思いません。両者の関係に類似しているのはビーフにたいするスープの関係ではなくて、むしろオーバーコートにたいする衣装戸棚《とだな》の番号の関係なのです。

さらに、各層ははっきり分離されているものではありません。いったいどの概念が第一層に属するかということですら、完全には明らかなことではありません。実際問題として、われわれが取り扱っているのは自由に形成された概念です。ただし、これらの概念は実用上では十分な確実さで、感官体験の複合体と〔直接にかつ〕直観的に結びついています。その結果、なにかある特定の体験〔実験〕にたいして、ある命題がそれに適用可能なものか不可能なものかの判定については、なんらの不確定さも存在しないようになっています。しかし、いちばんだいじなことはほかでもありません、それは、経験に密接して存在している無数の概念や命題を、それ自身は勝手に選ぶことができる基本的概念や基本的関係〔公理〕からつくられ、できるだけ緊密な基盤をもちかつそれから論理的に導くことのできる、いくつかの定理として表現することを求めて努力を重ねることです。しかしながら、公理は自由に選べるといっても、その自由はそれほど勝手なものではありません。それは小説の作者のもつ自由とはおよそ似ても似つかぬものです。むしろそれは、じょうずに考案されたことばのパズルを解くのに没頭している人のもつ自由のほうに似ています。彼が解答として任意のことばを提案することができるというのは、うそではありません。しかし実際には、そのパズルをすべての点で首尾よく解くことばとしてはただ一つのことばしか存在しません。自然が——われわれの五官に知覚可能なままの姿で——このような巧妙に工夫されたパズルのような性質をもつものであるということは、一つの信念の所産にすぎません。今日までに科学の収めた幾多の成果が、この種の信念にたいするある種の励ましになっていることも間違いないところです。

　さきに論じました多層構造は、基礎の統一性を求めての闘いが、その発展の途上において残してきた進歩の各段階に対応しています。最終目的の立場からすれば、中間の各層は一時的な性格のものにすぎません。それらは結局のところ、どうでもよいものとして消え去るべきものです。しかしながら、われわれが取り扱わねばならない多層構造は今日、現在の科学についてのそれなのです。この場合には、これらの各層は、たがいに支え合ってはいるが、しかしまた一方ではたがいに他の脅威になってもいる、はなはだ疑わしいいくつかの部分的成功を表わすことになります。それというのも、われわれがやがて相識《し》ることになるような根深い不和感を今日の概念体系はふくんでいるからです。

以下の文章の目的は、論理的にできるだけ統一された物理学の基礎的諸概念に到達するために、創造的な人間精神はどのような径路をふみ分けてきたかを具体的にお話しすることなのであります。

2　力学とすべての物理学を力学によって基礎づけるいくつかの試み

われわれの感官体験の、もっと一般的にはわれわれのすべての経験の、一つの重要な性質は、その時間的な秩序です。この秩序という経験のもつ性質が、順序という経験にたいする一つの様式、つまり主観的時間という観念の形成を導きます。さらに、主観的時間はのちに説明しますように、物体および空間の概念を通じて客観的時間という概念に導かれることになります。

しかしながら、客観的時間という観念に先立って空間の概念が存在します。さらにそれに先立って物体という概念が存在するのです。この最後の概念は、感官体験の複合体と直接に

〔かつ直観的に〕結びついています。さきに指摘しておきましたように、「物体」という概念に特徴的な一つの性質は、それによってわれわれの（主観的）時間と独立に、またそれがわれわれの五官によって知覚されるという事実とも独立に、それにたいして一つの存在を対置させているという性質です。それについての時間的変化なるものを、われわれが知覚するという事実にもかかわらず、われわれはこう考えるのです。かつてポアンカレによって正しく強調されたことですが、物体についてわれわれは、「状態の変化」と「位置の変化」という二種類の変化を区別しているという事実があります。彼が注意したように、後者は、考えている物体の任意の運動によってもとへもどすことのできる変化です。

知覚のある種の範囲内では、状態の変化はなしで、ただ位置の変化だけをそれにたいして考えておけばよいような物体が存在するということは、空間という概念の形成にとって（またある程度は物体という概念自身を正当化するためにさえ）根本的な重要性をもつ一つの事実であります。このような物体は実際上の剛体であるということにしましょう。

われわれの知覚の対象として、二個の実際上の物体を同時に（すなわち全体としてまとめて）考えますと、この全体の集団にたいしては、その二個の構成要素のそれぞれにたいしては位置の変化の場合になっているにもかかわらず、集団の全体としての位置の変化とはどうしても考えることのできない変化が存在します。このことから二個の物体の「相対位置の変化」という概念が導かれ、同様にして二個の物体の「相対位置」という概念もまた導かれます。さらにまた、相対位置という概念のなかで、われわれが「接触」と名づけている一つの特定の種類のものが存在することがわかります。[*1]二個の物体の三つまたはそれ以上の「点」での永続的接触とは、二個の物体が一個の剛体まがいの合成体となって合体していることを意味します。この場合、第一の物体は第二の物体上にそれによって（剛体まがいに）延長されているとも、逆に第二の物体のほうが剛体まがいに延長されているともいってよいと思います。この一個の物体の剛体まがいの延長の可能性には制限がありません。ある物体K_0の考えうるかぎりの剛体まがいの延長のなかでいちばんだいじなのは、それによって決定される無限「空間」です。

任意の仕方で位置している物体はどんなものでも、あらかじめはっきり決めて選んだ物体K_0（基準物体）の剛体まがいの延長と接触させることができるという事実、この事実こそわれわれの空間概念の経験的基礎であるというのが、私の考えです。科学以前の思考では、固い地《ち》殻《かく》がK_0およびその延長の役割を果たしています。〔測地学を意味する〕幾何学《ジオメトリー》という名まえそのものが、空間の概念が指定された物体としての地球と心理的に結びついていることを示しています。

「空間」という大胆な概念は、科学的な幾何学のすべてに先行してつくられましたが、それによって物体自身の位置関係としてつかまれていたものは、物体の「空間」中の位置としてつかまれるものに、考えの上で変換されました。このことはそれ自身一つの大きな形式的簡単化を表わしています。さらに、この空間概念によって、位置の陳述とはどんなものでも、要するに接触の陳述にほかならないとする立場が生じます。つまり、ある物体の一点が空間の点Pに位置しているということは、（適当に延長されていると想像して）基準にした標準物体K_0と、いま注目しているその点で接触していることを意味するわけです。

ギリシア人の幾何学では、空間はいわば定性的な役割しか果たしていません。そのわけは——物体の空間にかんしての位置は指定されるものとして考えにはいっていることは確かですが——それが数を使って記述されていないためです。このやり方を企てた最初の人がデカルト[2]でした。デカルトのことばを使いますと、ユークリッド幾何学の全内容は、次のようないくつかの命題を基礎にして公理的に築き上げられることになります。

(1) 剛体上の指定された二点が一つの距離を決定する。

(2) 空間の各点に三つ一組の数X_1、X_2、X_3を座標として対応させ、両端点の座標がX_1'、X_2'、X_3'、X_1''、X_2''、X_3''である任意の距離$P'-P''$を考えた場合、表式

$$s^2=(X_1''-X_1')^2+(X_2''-X_2')^2+(X_3''-X_3')^2$$

が、その物体の位置にも、また任意の他のすべての物体の位置にも無関係になるようにすることができる。

この（正の）数sはこの線分の長さ、つまり（線分の端点P'およびP''と一致する）空間の二点P'およびP''間の距離を意味します。

わざわざこのような定式化を選んだのは、それによってユークリッド幾何学の論理的および公理的な内容だけでなく、その経験的内容がはっきりさせられているからです。これにたいして、ユークリッド幾何学の純粋に論理的（公理的）表現のほうが、はるかに簡単で明快であるという利点をもっていることは確かであります。しかしながら、その種の表現は、これらの利点の代償として概念的な構成と感官体験との間の結びつきを表現することを放棄することになります。物理学にとっての幾何学の意義は、もっぱらこの種の結びつきに基づいているのです。あらゆる経験に先立つ思惟《しい》の必然的結果がユークリッド幾何学の基礎をなしており、その空間概念もその種のものに属するとする誤り、この致命的誤謬《ごびゅう》は、ユークリッド幾何学の公理的建設の根底にある経験的基礎が忘れ去られてしまったということに基づくものであります。

自然に剛体というものが存在しているといいうるかぎりにおいて、ユークリッド幾何学は一つの物理的科学であり、感官体験に適用してその有用さを証明しなければなりません。それは、時間に無関係に剛体の相対位置にたいして成り立たなければならない法則の全体に関係しています。空間という物理的概念もまた、元来物理学で用いられたものとして、剛体の存在ということと切り離されないことはおわかりでしょう。

物理学者の立場から見ますと、ユークリッド幾何学のきわだった重要性は、その諸法則が相対運動を問題にしている物体のもつ特定の性質には無関係であるという点にあります。その形式上の簡単さは、等質性ならびに等方性という性質（および同様な性質をもつものの存在ということ）によって特徴づけられます。

空間という概念は、本来の幾何学、すなわち剛体の相対運動のもつ規則性の定式化にとって便利なものであることは確かですが、必ずしも不可欠なものというわけではありません。これに反して、客観的時間の概念は、古典力学の基礎の定式化がそれなしでは不可能なものであり、空間的連続体の概念と結びついています。

客観的時間の概念の導入は、たがいに無関係な次の二つの設定から成り立っています。

(1)　体験の時間的系列を「時計」、すなわち周期的経過を示す閉じた系の指標と結びつけることによって、客観的な局所的時間〔局所時〕の概念を導入すること。

(2)　全空間にわたる出来事〔事象〕にたいする客観的時間の概念を導入すること。これによってはじめて、局所的な時間の概念が物理学における時間の概念に拡張されることになります。

(1)についての注意。時間の概念の起源およびその経験的内容を明らかにしようとしているさいには、周期的現象の概念を時間の概念の前にもってきたからといって、それが「不当な前提」を意味するものではない、と私は考えます。このような考え方は、空間という概念を解釈するさいに剛体（または剛体まがいの物体）という概念をその前にすえたことにちょうど対応しているものです。

(2)についてのややこまかい補足。相対性の理論が発表される以前にはびこっていた錯覚――つまり、経験の立場からすれば、空間内で離れている出来事についての同時性の意味、つまり物理学における時間の意味は先天的に明白であるとする――この錯覚は、われわれの日常経験においては光の伝播《でんぱ》する時間を無視することができるという事実にその起源をもっていました。その結果、われわれは「同時に見た」ということと「同時に起こった」ということの間を区別しないようになりがちであります。その結果、時間と局所的時間の間の相違がぼやけてくることになります。

経験を基にして解釈するという立場から見れば、古典力学における時間の概念には、すっきりしない点がつきまとっていますが、公理的な表現では、空間および時間がわれわれの感官体験とは独立に与えられたものとして取り扱われることによって、この点はおおいかくされていました。このような概念の「純粋化」（自足化）――それが行なわれる結果は必ずしも科学を害することになるとはかぎりません。しかしながら、その起源が忘れられてしまいますと、この種の概念はわれわれの思考上で必然的、したがってまた変更のきかないものなのだ、と信じ込む誤りに容易におちいることになりがちです。そして、このことは科学の進歩にたいする重大な危害となるおそれがあります。

客観的時間の概念にまつわる不明確さが、その経験的解釈にかんする初期の哲学者たちの議論以来解明されないままに残されてきたということは、力学の発展、したがってまた物理学一般の発展にとっても幸運なことでした。空間‐時間という枠組《わくぐみ》の実在的意味を全面的に信頼しきって、人々は力学の基礎を発展させました。その特徴的な点を箇条書きにまとめてみますと、次のようになります。

(a) 質点の概念。座標X_1、X_2、X_3をもつ一つの点として——その位置と運動にかんしては——十分な正確さで記述できる物体。(「空間」K_0にかんする）その運動は、X_1、X_2、X_3を時間の関数として与えることによって記述される。

(b) 慣性の法則。質点が他のすべての質点から十分遠く離れていれば、その質点の加速度の各成分は0になるということ。

(c) 運動の法則（質点にたいする）。力＝質量×加速度。

(d) 力の法則（質点相互間の作用と反作用）。

ここで、(b)は(c)の一つの重要な特別の場合にほかなりません。真の理論は力の法則が与えられたときにはじめて存在することになります。ただし、いくつかの質点同士が空間内でたがいの作用によって永続的に連結されてつくる質点系があたかも一個の質点のように振舞うことが許されるためには、質点間の作用力はなによりもまず第一に作用と反作用が相等しいという法則だけはみたしていなければなりません。

これらの基本法則は、ニュートンの重力法則と合わせて天体力学の基礎を形成しています。このニュートンの力学においては、まださきに剛体を使って導いておいた空間の概念とは対照的に、空間K_0はある新しい契機《モメント》をふくんだ形で登場しています。つまり、〔ある与えられた力の法則にたいして〕(b)および(c)がその妥当性を要求しているのは、すべてのK_0にたいしてではなくて、適当な運動状態にあるK_0〔慣性系〕にたいしてだけになっています。この事実のために、座標空間は純粋に幾何学的な概念には縁のない一つの独立な物理的性質を付与されることになります。同時にこの事情はニュートンに少なからぬ悩みの種を提供することにもなりました[*2]（水桶《みずおけ》の実験[3]）。

古典力学はこのままでは一般的な枠組《シェーマ》にすぎず、力の法則(d)を具体的に指示することによってはじめて一つの理論になるのです。このようなことをニュートンは天体力学について行なって、その結果大きな成功を収めました。この理論的方法は、理論の基礎を論理的に最大限に簡単にするという目的からすれば、不満足なものです。というのは、力の法則が論理的形式的な考察によって得られないかぎり、その選択はア・プリオリにかなり大きな範囲で任意なものになるからです。なお、ニュートンの重力法則をほかにいろいろと考えうる種々の力の法則から区別しているものは、それが結果において成功したという、ただそれだけのことに尽きます。

今日では、われわれはすべての物理学を支配する一つの基礎としては、古典力学ではうまくいかないことをはっきりと知っています。この事実にもかかわらず、古典力学がいまなおわれわれの物理学におけるあらゆる考え方の中心になっています。これにたいする理由は次の事実にふくまれています。すなわち、ニュートンの時代以来到達された幾多の進歩にもかかわらず、探究されたかずかずの現象やそれらを部分的にはうまく説明できるようなさまざまの理論体系といったものの錯綜《さくそう》した全体を、それから論理的に導きだすことができるといえるような物理学の新しい基礎には、われわれはいまなお到達していないということです。以下では、このへんの実情がどうなっているかを手短にお話ししてみることにします。

まず最初に、さきの古典力学の体系がそのままでは、物理学全体にたいする基盤として役割を果たすのにどの程度適切なものと思われていたかを、はっきりとさせてかかることにしましょう。われわれは、ここでは物理学の基礎とその変遷だけを問題にしているのですから、（ラグランジュの方程式、正準方程式といった）力学の純粋に形式的な進歩にはとくにかかわり合う必要はありません。しかし一つだけ、次のような注意は、それなしではすまされないように思われます。「質点」という概念は力学にとって基本的なものです。次に、そのままでは一つの質点として取り扱うことができない物体の場合――厳密にいえば、「われわれの五官に知覚可能な」対象はすべてこのような場合に属するものですが――それにたいする力学を調べていこうとしますと、次の疑問が生じます。この物体が質点からどんな具合につくり上げられていると考えてみればよいのか、また、それらの質点間に作用しているものとして、どんな力を仮定しなければならないのか。かりにも力学がその対象を完全に記述すると称するものであるならば、この種の疑問が発せられることを避けることはできません。

時間的変動ということは力学を使った理論的説明の範囲外のこととされる以上、これらの質点および質点間に作用する力の法則を不変なものと仮定することは、力学の傾向として当然のことであります。このことから、古典力学が物質の原子的構成という見方にわれわれを導かざるをえないことが理解されます。理論というものが経験から帰納的に生みだされるもの、と信じ込んでいる認識論の論者たちがいかに深い誤りにおち込んでいるかは、今日われわれがことのほかの明確さで銘記しているところであります。偉大なニュートンでさえこの誤りから免れることができなかったのでした（「われ仮説をつくらず」[4]）。

この種の（原子論的な）考え方の泥沼《どろぬま》に見込みもないままにおち込むことからわが身を救いだすために、力学にたいしてさしあたりとられた救済策は次のようなものです。ある系の力学は、そのポテンシャル・エネルギーがその系の配位状態の関数として与えられておれば決定されます。ところで、もしもこの系で作用している力が、この系の配位状態がある種の性質の秩序を維持していくことを保証するような種類のものであれば、その場合、この配位状態は比較的少数の状態変数q_rを使って十分正確に記述されるものと考えてよいはずです。したがって、ポテンシャル・エネルギーを考えるにも、それがこの種の配位状態の変数（例えば、実際上の剛体の配位状態を記述する六個の変数）によってどのように変化するか、ということだけに話が限られることになります。

力学を適用していくにあたって、「実在の」質点にまで物質の細分化を考えることを避ける第二のやり方が、いわゆる連続体（連続的に分布している質量）の力学です。この力学の特徴は、物質の密度も物質の速度も座標および時間にかんして連続的に変化するものであり、相互作用（力）のなかで直接に与えられない部分は面力（圧力）と見なすことができ、それもまた位置の連続関数であるとする虚構《フィクション》が用いられることにあります。この種の理論に属するものとして流体力学の理論および固体の弾性の理論があります。これらの理論は、古典力学の基礎に照らしてみてはじめてある近似的な意味合いをもちうるようないくつかの虚構を使って、実在の質点を直接導入することを回避しているのです。

この種の部門に属する科学は、その大きな実用上の意義以外に、数学的な概念の世界を豊富にすることによって、ニュートンのやり方に比べてずっと斬新《ざんしん》なやり方で物理学のすべての基礎づけをやり直そうというその後の試みにとって必要となった特定の形式的な補助手段（偏微分方程式）を生みだしたのでした。

力学を適用するにあたってのこれら二つの様式は、「現象論的」物理学とよばれているものに属しています。この種の物理学に特徴的なことは、それが経験に密着した概念をできるだけ多く利用しているが、しかし一方ではこのために基礎における統一性はこれをまったく断念せざるをえないということにあります。熱、電気および光は、力学的状態以外の特殊の状態変数およびいくつかの物質定数によって記述されており、これらの変数のすべての相対的かつ時間的変化の模様を決定することは、むしろ主として実験的方法によってのみ解きうる問題なのでした。マックスウェルと同時代の人々の多くは、このような表示の仕方にこそ物理学の究極的目標を認めました。つまり、この時代の人々は、用いられる概念が経験に比較的密着しているがゆえに、このやり方を経験から出発した純粋に帰納的なものと見なしていました。認識論の観点からスチュアート・ミルおよびエルンスト・マッハのとった立場も、だいたい同じような基盤の上に築かれたものでした。

私の意見としては、ニュートン力学の最大の成果は、それを首尾一貫して適用していくことによって、この種の現象論的な立場をのり越える点にまで到達したということであり、とくにこのことが見られるのは熱現象の分野においてであると思います。つまり、気体の運動論において、また一般的なやり方としては統計力学において、このことが実行されたのであります。前者は、理想気体の状態方程式、気体の粘性・拡散・熱伝導、さらに気体の輻射《ふくしゃ》現象といった種々の問題を結びつけ、直接の経験という立場からはたがいになんらの関連もない各種の現象に論理的連関を与えました。また後者は、熱力学的な諸概念や諸法則の力学的解釈を与えると同時に、熱の古典理論におけるこれらの諸概念・諸法則の適用限界を明らかにしたのでした。この種の運動学的理論は、その基礎の論理的統一性という点にかんして、現象論的物理学にはるかにまさっていたばかりでなく、さらに原子や分子の真の大きさにたいする確定的な値を導きだしました。この結果はいくつかの独立な方法から得られたものので、そのために原子・分子の概念は正当な疑惑の領域の外におかれることになりました。これらの決定的進歩は、思弁によって構成されたという性格が明白であったにせよ、ともかく現実につくられているもの〔原子または分子〕に質点を対置させることによって、その代償としてかち得られたものでした。だれもある原子を「直接知覚する」ことを望むことはできないでしょうが、もっと直接に実験事実に結びついた変数（例えば、温度・圧力・速さ）にかんする諸法則が、込み入った計算を使って、この種の基本的なアイディアから導きだされました。このようにして、物理学（少なくともその一部）は、はじめはもっと現象論的に組み立てられていたものが、原子および分子にたいするニュートン力学の上に基礎づけられることによって、直接の実験からはだいぶ遠ざかりはしたものの、その代わり本性においてはより単一化された一つの基盤の上にすえられることになったのであります。

3　場の概念

光学的ならびに電気的諸現象の説明においては、ニュートン力学は右にあげた諸分野に比べて、はるかにうまくいっていませんでした。ニュートンが彼の光の粒子論において、光を質点の運動に帰着させようとしてみたというのは、うそではありません。しかしながらその後、光の偏《かたよ》り・回折および干渉の諸現象のおかげで、彼の理論がだんだんますます不自然な修正をやむなくされていくにつれて、ホイヘンスの光の波動論が勢いを得てきました。その理論が本質的には、その当時すでにある程度まで調べられていた結晶光学の諸現象や音の理論にその起源を負っていることは確かでしょう。ホイヘンスの理論もまた、まず第一に古典力学を基にしていることは認められねばなりません。しかし、波動の担い手としてあらゆるものに浸透しているエーテルが仮定されなければなりませんでしたし、このエーテルが質点から形成されているとしますと、その構造はどんな既知の現象を使っても説明できませんでした。さらに、エーテルを支配している内部の力についても、あるいはまたエーテルと「重さのある」物質との間に働く力についても、なにかはっきりしたことを言うことはとうていできそうにもありませんでした。したがって、この理論の基礎はまさに永遠の闇《やみ》にとざされたままでした。真の基礎は一つの偏微分方程式に表わされていましたが、この方程式を力学的な要素に還元しようとすると、いつでもあやしげな点が残りました。

電気的ならびに磁気的諸現象を理論的に処理するために、ふたたびある特殊な種類の質量が導入され、これらの質量の間に、ニュートンの重力作用と同様な、ある距離をへだてて作用する力〔遠隔作用力〕の存在が仮定されることになりました。しかしながら、この特殊な種類の物質は慣性という基本的な性質を欠いているとしか思われませんでしたし、さらにこれらの質量と重さのある物質との間に働く力もはっきりさせられないままに残されました。これらの難点にさらにつけ加えねばならないものとして、この種の物質の示す、古典力学の形式の内部にうまくおさまらない極性[5]という性質がありました。動電気的現象が知られるようになるにつれて、磁気的現象を動電気的現象に還元するという考えが導きだされ、その結果、磁気的質量という仮説がよけいなものになったことは事実ですが、それにもかかわらず、この理論の基礎はなおさらますます不満足なものになってきました。というのは、この進歩は実のところ、運動中の電気的質量間〔つまり荷電粒子間〕に存在するものと新しく仮定しなければならなかった相互作用のため、作用力の複雑さの増大ということを、その代償として支払わねばならなかったからです[6]。

ファラデーおよびマックスウェルの電場の理論によるこの不満足な状況からの脱出は、おそらくニュートンの時代以後に物理学の基礎が経験したもっとも重大な転換を表わすものであります。またしてもそれは、人間の構成力を駆使した思弁の方向への一歩前進であり、理論の基礎とわれわれの五官によって経験可能なものとの間の距離を増大させることになりました。実際、場が存在するということは電気を帯びた物体がそこに導入されたときにはじめて明らかになることです。マックスウェルの微分方程式によって、電場および磁場の空間的・時間的微分係数が結びつけられており、電気的質量〔荷電〕とは電場の発散《ダイバージェンス》[7]が0になっていない場所にほかなりません。光の波は、振動的な電磁場が空間内を経過していくものと見なされるのです。

マックスウェルもやはり、彼の場の理論を力学的なエーテルの模型を使って機械的に解釈しようと試みたことは確かです。しかしこの種の試みは、あらゆる不必要な添加物を一掃したハインリッヒ・ヘルツによる表現が登場するにおよんで、だんだんと背景へ後退していきました。質点というものがニュートン力学で演じてきたのと同じ基本的役割を、ついには場というものがこの理論において果たすことになりました。ただし、このことがいえるのは、さしあたり空虚な空間中の電磁場一般だけに限られるのです。

物質の内部にたいしては、この理論はその初期の段階ではなおきわめて不満足なものでした。というのは、物質内部では二つの電気ベクトルが導入されねばなりませんでしたが、これらを結びつけているのは媒質の性質によって変化する関係式で、これらの関係を説明することはどんな理論的分析にもできないことであったからです。これに似た事情は、物質内部の磁場にかんしても、また同様に電流密度と場との間の関係についても見られました。

この事態にたいする一つの突破口を開いたのはH・A・ローレンツでしたが、この突破口は同時に、多少とも恣意的な仮定を免れた、一つの理論としての運動物体にかんする電磁力学への道を示すものでありました。彼の理論は、次のような基本的仮説の上につくられました。(重さのある物体内部をもふくむ)すべての場所において、場が占めるべき席は空虚な空間だけである。電磁現象において物質が関与しているのは、源をただせば、物質の要素的粒子〔素粒子〕が不変の荷電を運んでおり、このことのために重さのある物質のはたらく力〔普通の物動力〕[8]をこうむると同時に、他方では場をつくり出すはたらきをしているという点だけである。つまり、素粒子は質点にたいするニュートンの運動方程式に従う。

これが、H・A・ローレンツがニュートンの力学とマックスウェルの場の理論とを綜合して彼の理論をつくり上げたときの基盤です。この理論の弱点は、次のような事実にひそんでいます。すなわち、それは偏微分方程式(空虚な空間にたいするマックスウェルの場の方程式)と全微分方程式(質点の運動方程式)とを組み合わせることによって現象を決定しようとしたわけですが、こうした試みは明らかに不自然なものでありました。〔例えば〕粒子の表面に存在する電磁場が無限に大きくなることを防ぐために、〔ローレンツは〕粒子にたいして有限の広がりを仮定しなければならなかったのですが、このことはこの理論の不満足な点を表面化してみせたものといえます。そればかりでなく、この理論は個々の粒子上に荷電をつなぎとめているおそろしく大きな力についてなんらの説明をも与えることができませんでした。H・A・ローレンツは彼の理論のこれらの弱点を十分承知の上のことでありましたが、彼は現象に少なくとも一般的な議論の大筋にかんしては正しい表現を与えるために、その代償としてのこれらの弱点に目をつぶったのでした。

それ以外に、ローレンツの理論の枠をはみだした一つの問題がありました。電気的に帯電した物体が一つありますと、そのまわりに磁場が存在することになり、この磁場が物体の慣性に、ある（見かけ上の）寄与を生じることになります。だとすると、粒子の慣性の全部を電磁気的なものとして説明することも考えられないことでもないのではないでしょうか。この問題は、粒子が電磁場の偏微分方程式の正則な解として解釈される可能性がある場合にかぎって文句のない答えをだしうるものであろう、ということは明らかであります。ところが、マックスウェル方程式はもとのままの形では、粒子にたいする解が一つの特異点をもつために、粒子のそのような解釈は許されないのです。そこで、マックスウェル方程式の修正によってこのゴールに到達しようという試みが、長期にわたって多くの理論物理学者によってなされてきました。しかしながら、この種の試みは成功を収めることにはなりませんでした。結局、純粋に電磁気的な物質の場の理論をうち立てるという目標は、当分の間、手のとどかぬままに残されることになりました。とはいっても、このようなゴールに到達する可能性を否定するような議論も原理的には存在しえません。これ以上この方向への試みを進めることを妨げているのは、解を導きだしてくるなんらかの体系的な方法が得られていないということです。しかしながら私には、次のことは確かなように思われます。すなわち、なんらかの首尾一貫した場の理論の基礎に、場の概念以外に粒子に関係するなんらかの概念が存在するということはあるべきでないだろうということです。つまり、理論全体はもっぱらいくつかの偏微分方程式とそれらの特異点をふくまない解だけをその基礎とするものでなければならないと思います。

4 相対性の理論

物理学の基礎概念を導きだしてくることができるような帰納的方法というものは存在しません。この事実を理解できなかったことが、十九世紀の大多数の研究者の根本的な哲学上の誤りをなすものでした。分子論やマックスウェルの理論が比較的おそい時期になってはじめてそれ自体を確立することができたという理由も、おそらくそのことにあったと思われます。論理的な思考は必然的に演繹《えんえき》的なものであり、仮説的な概念や公理に基づいているものです。ところで、こういった概念や公理を、結果として成功を期待できるから正しいものだといえるように選びだしてくるということは、いったい望みうることなのでしょうか。

経験の世界それ自体だけから新しい基本的仮説が示唆《しさ》されるという場合があれば、それがもっとも望ましい場合であることは明らかです。熱力学にたいする一つの基礎としての永久運動は存在しないという仮説は、この種の経験によって示唆された基本的仮説の一例になっています。同じ事情はガリレイの慣性の原理にたいしてもいえます。それればかりではありません。場の理論の予想以上の拡張深化をもたらし、古典力学の基礎にとって代わるものになった相対性の理論の基本仮定も同じ種類に属するものであります。

マックスウェル－ローレンツ理論の成功によって、真空にたいする電磁場の方程式の妥当性、その結果としてとくに光が「空間内を」ある一定の速さcで伝わるものであるとすることは、大きな信頼をかちとることになりました。この光の伝播速度が一定不変であるとするのは、任意に考えられた慣性系にかんしても成立するものなのでしょうか。もしそうなっていないとしますと、その場合には一つの特定の慣性系、あるいはより正確には（ある基準物体の）一つの特定の運動状態が、他のすべてのものから区別されることになるはずです。しかしながら、われわれが経験しているあらゆる力学的ならびに電磁気的・光学的事実は、この考えと反対のことを物語っているのです。

こうした理由から、すべての慣性系にたいして光速度が一定であるという法則を、一つの原理にまでその妥当性の程度を高めてやることが必要になりました。このことから、空間座標X_1、X_2、X_3および時間座標X_4は、表式

$$ds^2 = dx_1{}^2 + dx_2{}^2 + dx_3{}^2 - dx_4{}^2$$

(ただし時間の単位は光の速さcが1になるように選んであるとします)の不変性によって特徴づけられる「ローレンツ変換[9]」に従って変換されねばならないことが結論されます。

この手続きによって、時間というものはその絶対的な性格を失って、代数的には(ほとんど)同種の性格をもつものとして、「空間」座標と一緒にされることになりました。時間の絶対的性格、とくに同時性ということの絶対的性格が打ちこわされて、唯一の適切な記述として導入されるべきものは四次元的な記述であるということになりました。

さらに、あらゆる自然の現象にかんするすべての慣性系の同等性を説明するためには、一般法則を表現する一連の物理の方程式はすべてローレンツ変換にかんして不変になっていることが必要になります。この要請を念入りに仕上げていくことが特殊相対性理論の内容を形づくっています。

この理論はマックスウェルの方程式とは両立しうるものなのですが、古典力学の基礎とは

＊本論文では、座標変数として大文字Xと小文字xの両方が用いられているが、原典を尊重し、そのままとした。 ——編集部注

両立しえないものなのです。質点の運動方程式（およびそれと一緒に質点の運動量とか運動エネルギー）を、この理論を満足するように修正することができるというのは、うそではありません。しかし、力による相互作用という概念（したがってそれを使ったある系のポテンシャル・エネルギーという概念）は、その基盤を失うことになるのです。なぜならば、これらの概念は絶対的な同時性という考え方を基にしているからです。微分方程式によって決定されるものとしての場が、力になり代わって登場することになります。

以上の理論は相互作用として場によるものしか許さないというのですから、その立場からは重力にたいしても一つの場の理論が要求されることになります。実際、ニュートンの理論の場合と同様に、重力場をある偏微分方程式の解になっている一つのスカラー量に帰着させうるような一つの理論を定式化することはむずかしいことではありません。しかしながら、ニュートンの重力理論に表明されている経験的諸事実がさし示しているのは、もう一つの方向、すなわち一般相対性理論への道なのであります。

古典力学に見られる一つの不満足な点として、その基本的関係中に同一の質量定数が二つの異なった役割をもって二度にわたって現われているということがあります。すなわちそれは、一度は運動方程式中に「慣性質量」として、いま一度は重力法則中に「重力質量」として現われています。このことの結果として、純粋の重力場内でのある物体の加速度は、その物体の材質には無関係であるということになります。言いかえれば、（ある「慣性系」にたいして）一様に加速されている座標系における運動は、あたかも（「静止している」座標系にかんしての）一様な重力場内での運動であるかのように起こっているわけです。もしもこれらの二つの場合が完全に同等であると仮定することにしますと、その場合には重力質量と慣性質量とが一致しているという事実にたいしてわれわれの理論的思考を適応させる一つのやり方が得られることになります。

このことから、一つの基本的原理として、「慣性系」というものをとくに尊重すべき理由[10]はなにもないということになります。そして、座標（x_1、x_2、x_3、x_4）の非線型な変換も、同等なものとしてそれ自身の権利を認めてやらなければならないことになります。もしも特殊相対性理論の座標系についてこの種の変換を行なうとしますと、その場合、特殊相対性理論の計量

$$ds^2 = dx_1^2 + dx_2^2 + dx_3^2 - dx_4^2$$

は、

$$ds^2 = g_{\mu\nu}\, dx_\mu\, dx_\nu \quad （\mu と \nu についての和をとる）$$

という形の一般（リーマン）計量[11]に移行します。ここで$\mu\nu$について対称な$g_{\mu\nu}$はx_1、x_2、x_3、x_4のある関数になっており、それらは計量的性質を記述するとともに、新しい座標系にかん

する重力場をもあわせ記述するものになります。

しかしながら——もっと詳細な検討を加えて明らかになることですが——以上のような力学の基礎についての解釈の変更は、もともとの座標系（重力場が0になっている慣性系）においては可能であったような、例の剛体と時計を用いた測定の結果としての解釈は新しい座標系にはもはや不可能である、ということをその代償とせざるをえないのです。

計量が特殊相対性理論の擬ユークリッド形式という簡単な形になる座標系が存在しないような一般的な場合においてもやはり、上にのべたように関数$g_{\mu\nu}$によって（すなわちリーマン計量を使って）空間の場としての性質が表現されるということが正しいものと仮定することにします。この仮定によって一般相対性理論への移行が実現されることになります。

こうなれば、座標というものはそれ自身ではもはや計量的な関係を表現するものではなく、座標がたがいにごくわずかしか違わない事象の「近さ」を表現するにすぎません。座標の変換としては、それらが特異点をふくまないものであるかぎり、すべてのものが認められねばなりません。また、この意味での任意の変換にかんして共変的になっているような方程式だけが、自然の一般法則を表現するものとして意味をもつことになります（一般共変性の要請）。

一般相対性理論が狙《ねら》いとした第一のものは、それ自身のなかで一つの閉じたものになるという要求を断念することによって、できるだけ簡単なやり方で「直接観測される事実」と結びつく可能性のありそうな一つの暫定的な考え方なのであります。ニュートンの重力理論は、それ自体を純粋に重力にかんする力学に限定することによって、そのようなものの一つの手本を与えるものでした。この暫定的な考え方を次のように特徴づけることができます。

(1) 質点およびその質量という概念は残しておくことにします。それにたいして一つの運動方程式が与えられますが、それは慣性の法則を一般相対性理論のことばに翻訳したものにほかなりません。この法則は一組の全微分方程式の形をとり、それは測地線（最短曲線）を定義することになります。

(2) ニュートンの重力による相互作用の法則の代わりになるものとして、$g_{\mu\nu}$というテンソル量にたいして設定できるもっとも簡単な、一般共変性をみたす微分方程式の組を求めることになります。それは一回縮約されたリーマンの曲率テンソルを0とおくことによってつくられます（$R_{\mu\nu}=0$）。[12]

この定式化によって惑星の問題を取り扱うことができることになるのです。もう少し正確な言い方をすれば、それ自身は「静止しているもの」と考えられる一つの質点によってつくり出された（中心対称の）重力場内での、実際上無視できる質量をもつ質点の運動の問題の取扱いが可能になります。この取扱いは、「動かされているほうの」質点の重力場にたいする反作用を考えに入れていませんし、また中心の質量がどのようにしてこの重力場をつくり出しているかということも考慮していません。

古典力学からの類推からわかりますように、この理論を完結させる一つのやり方は次のようなものになります。場の方程式として次のような方程式を立ててみます。

$$R_{ik}-\frac{1}{2}g_{ik}R=-T_{ik}$$

＊ g_{ik}、T_{ik}は、$g_{\mu\nu}$、$T_{\mu\nu}$とするのが標準的と思われるが、原典を尊重し、そのままとした。——編集部注

ただし、Rはリーマンの曲率からつくったスカラー量[13]で、T_{ik}は物質のエネルギーのテンソルを現象論的に表現したものです。この方程式の左辺は、その発散が恒等的に0になるように選んであります。その結果、右辺の発散も0になることになります。この最後の関係が、物質を記述するためにT_{ik}に現われるのがたがいに独立なさらにもう四つの関数だけですむという場合には、物質の「運動方程式」を偏微分方程式の形で与えることになります（例えば、密度、圧力、および速度成分について、最後のものの間に一つの恒等式が存在し、圧力と密度との間に一つの条件式が存在するという場合）。

このような定式化によって、全重力力学はただ一組の共変的な偏微分方程式の解に帰着することになります。しかもこの理論は、さきに古典力学の基礎にたいして申し立てておいた内部欠陥をすべて免れています。それは天体力学の観測事実の表現として——われわれの知

るかぎり——十分なものであります。しかしそれはまるで、その一翼（方程式の左辺）はすばらしい大理石でつくられているが、もう一方の翼（方程式の右辺）は安物の材木で建てられている建物のようなものです。実際、物質の現象論的表現といっても、それは物質の既知のすべての性質に対応しているはずの一つの表現のおそまつな代用品にすぎません。

重さのある〔普通の〕物質も、荷電密度もまったく存在しない空間に話を限っておくかぎり、マックスウェルの電磁場の理論とこの重力場の理論とを結びつけることには、別に困難はありません。上の方程式の右辺でT_{ik}として真空中の電磁場のエネルギー・テンソルを代入すること、およびこのように修正された方程式系を真空中のマックスウェルの場の方程式を一般共変形に書き直したものと組み合わせること、これで必要なことのすべてになります。これらの条件のもとでは、これらすべての方程式の間にはその無矛盾性を保証するのに十分な個数の微分恒等式が存在することになります。つけ加えておきたいことは、これらの全方程式が必然的にもつべき形式上の性質からは、T_{ik}という項の符号の選び方は決まらないで、どうともとれるということです。このことは重要であることがのちになってわかりました。

理論の基礎にたいして最大限の統一性を得たいという希望は、重力場と電磁場を単一の統一された形式を用いる場合で考えようという試みをいろいろと生みだしてくる結果となりました。ここでとくにあげておかなければならないのは、カルツアとクラインの五次元理論[14]です。この可能性をきわめて注意深く検討してみた結果、もとの理論の内部的斉一性《せいいつせい》の不備を受け入れておくほうがまだしも望ましいように、私には感じられました。というのは、この五次元理論の基礎になっている仮説全体は、それが恣意的な性格のものをふくむという点でもとの理論に比べてより少なくなっているとは、私には思われないからです。同じことは、相対論の一変種としての射影的相対性理論、とくにダンツィクならびにパウリによってきわめて慎重に検討された理論にたいしても言えると思います[15]。

以上の考察は、もっぱら物質が存在しないときの場の理論にかんするものであります。原子的に構成されている物質の完全な理論に到達するためには、この点からどのように進んでいくべきでしょうか。特異点がふくまれておれば、微分方程式が場の全体を完全に決定することにならない以上、この種の理論では特異点が確実に除かれていなければなりません。こうして一般相対論的な場の理論においても、生粋のマックスウェル理論に関連して最初に遭遇したのと同じく、物質を場として理論的に表現するという問題に当面することになります。

この場合でもやはり場の理論から粒子をつくり出す試みは、すなおにやれば特異点を生じます。ここでもまた、新しい場の変数を導入したり、もとの場の方程式系をいろいろ細工したり拡張したりして、この難関を克服しようと努力が重ねられてきました。しかしながら最近私は、ローゼン博士との共同研究で、さきにのべた重力場の方程式と電磁場の方程式とのもっとも簡単な組合せから、中心対称な解で特異点をふくまないように表現できるもの（純粋の重力場にたいする有名なシュワルツシルトの中心対称解および電磁場にたいしては、その重力作用を考慮したライスナーの解）が得られることを発見しました。この結果については、次の次の節で簡単に触れることにします。ともかくこのようなやり方で、物質およびその相互作用にたいしてよけいな仮説をふくまない純粋の場の理論が得られる可能性があるように思われます。そればかりでなく、この種の理論を経験的事実に照らし合わせてテストするにあたっては、純粋に数学的な困難さ以外の困難は生じないのですが、しかしこの困難はいずれにしてもかなりなものなのであります。

5　量子論と物理学の基礎

われわれの世代の理論物理学者たちは、これまでのところで考察された場の理論の基礎とはずいぶん違った基本概念を使って物理学の新しい理論的基盤が確立されることを待望しています。まったく新しい種類の考え方を採用することが、いわゆる量子現象の数学的表現のために必要なことが明らかになってきたというのが、これにたいする根拠であるとされています。

相対性理論によって明らかにされたように、古典力学の破綻《はたん》は、光の有限速度（無限大にするわけにいかぬこと）と結びついています。一方、今世紀の初頭に、力学から導かれた結論と実験事実との間に他の種類の矛盾が存在することが発見されました。この矛盾は、プランクの定数[16] h が有限の大きさをもつこと（0にするわけにいかぬこと）と結びついています。とくに、固体の熱容量も（単色光にたいする）輻射密度もともに絶対温度の減少につれてそれに比例して減少することが分子論〔分子力学〕から要求されるのに、実験からは絶対温度に比例するよりもはるかにすみやかに減少することが示されました。このような振舞いを理論的に説明するには、ある力学系のエネルギーとして考えうるのはどんな値でもよいのではなくて、ある種の離散的な値に限られるとすることが必要でありました。この離散的な値の数学的表現がつねにプランクの定数をふくむものであったのでした。さらに、この考え方は原子の理論（ボーアの理論）[17]にとっても本質的なものでありました。この種の状態相互間の遷移にたいしては——それが輻射の放出吸収をともなっていてもいなくても——因果的法則は成り立たず、統計的法則しか成り立ちえないのだということになりました。さらに、同様な結論は、ほぼ同じころに周到に研究されていた原子の放射性崩壊についても当てはまるのです。二〇年以上もの間、物理学者たちは系のもつこの「量子的性格」と現象との統一的解釈を求めてむなしい試みを重ねました。この種の試みは約一〇年くらい前〔一九二五〜二六年〕になって、二つのまったく異なる理論的攻撃方法をたどることによって、実を結ぶことになりました。これらのなかの一つは、ハイゼンベルクおよびディラックによるものであり、他の一つは、ド・ブロイおよびシュレーディンガーに負うものです[18]。これら二つの理論が数学的に同等であるということは、その後まもなくシュレーディンガーによって明らかにされました。ここでは、物理学者の思考方法により近いド・ブロイとシュレーディンガーの考えの筋道をスケッチしてみることにします。ただしそのさい、それと関連させて同時に二、三の一般的考察をまじえていくことにします。

第一に疑問になるのは次の点です。古典力学の意味ではっきり指定された（つまり、そのエネルギー関数が座標q_rおよびそれに対応する運動量p_rの、ある与えられた関数になっている）一つの系にたいして離散的なエネルギー値の一系列H_σが割り当てられるというが、それはいったいどのようにして可能であるのか。プランクの定数hによって、このエネルギー値H_σには振動数H_σ/hが対応させられます。したがってその系にたいして離散的な振動数値の一系列を与えれば十分なわけです。このことから思いだされるのは、音響学において見られる次のような場合です。つまり、（境界条件が与えられた場合）ある線型偏微分方程式に対置された一系列の離散的振動数値がある、くわしくいえば、そのような振動数をもつ一系列の正弦的周期解が存在するということです。エネルギー関数$\varepsilon(q_r, p_r)$が与えられたとき、それにたいして、座標q_rおよび時間tを独立変数とするスカラー関数ψにたいする一つの偏微分方程式を対置するという問題をとり上げたときのシュレーディンガーのやり口は、ちょうどこれに対応するものにほかなりません。このようにして彼は、エネルギーの理論値H_σが方程式の周期解からうまい具合に、ちゃんと統計理論から要求されるとおりにでてくるというようなことを（複素関数ψについて）実行してみせたのでした。

このシュレーディンガー方程式の、ある特定の解$\psi(q_r, t)$に、質点の力学の意味でのある特定の運動経過を対応させることが可能である、というふうに話がなっていなかったのは確かです。このことは、ψ関数がけっして厳密には、時間tの関数としてのq_rの歴史に対応するものにはなっていないことを意味します。しかしながら、ボルン[19]によって、ψ関数の物理的意味について次のようなやり方での一つの解釈が可能であることが示されました。すなわち、$\psi\bar{\psi}$（複素関数ψの絶対値の二乗）は時刻tでq_rの配位空間中の考えられている点における確率密度であるというのです。したがって、十分正確ではありませんが理解しやすい次のような言い方で、シュレーディンガー方程式の内容を特徴づけることができます。つまり、それはたくさんの系の集団を統計的に考えることにして、この系の統計集団の確率密度が配位空間内で時間とともにどのように変化していくかを規定するものである、それを略して、シュレーディンガー方程式はq_rの関数ψの時間にかんする変化を決定する、というわけです。

注意しておかねばならないことは、この理論の結果には、極限値として、質点力学の結果がふくまれているということです。それは、シュレーディンガーの問題を解くさいに現われる波長がいたるところで十分小さくなっていて、配位空間内でのその一波長分の変化にたいするポテンシャル・エネルギーの変化の大きさが、実際上無限に小さいという場合です。実際、このような条件のもとでは次のことが証明できます。配位空間内に、（あらゆる方向に）この波長に比べては大きいが、配位空間の実際上の広がりに比べては小さい一つの領域G_0を選びます。そうすると右の条件があれば、はじめの時刻t_0にたいするψ関数を領域G_0の外部では0になっているように選んでおいて、シュレーディンガー方程式に従って、ψ関数のほうはその後の時刻tにたいしてもやはりさきの性質を保っている――少なくとも近似的には――が、領域G_0のほうはその時刻には別の領域Gに移ってしまっているというふうにすることが可能になります。こういうふうにすれば、ある程度近似的に領域Gの全体としての運動を問題にすることができ、この運動を配位空間内での一つの質点の運動によって近似することができます。その場合、この運動は古典力学の運動方程式によって要求される運動と一致しています。

粒子線を使った干渉についての実験からは、理論から仮定された粒子の運動が波動的性格の現象を示すということがまさに現実に事実に対応しているものであるという、みごとな証明が与えられることになりました。さらにこれに加えて、この理論は外力の作用のもとでのある系の一つの量子状態からもう一つの量子状態への遷移についての統計的法則を証明してみせることにもやすやすと成功したのでしたが、この法則は古典力学の立場からすれば一つの奇跡としか思われないものなのです。この場合、外部からの力は、ポテンシャル・エネルギーに時間の関数としての小さな項をつけ加えることによって表現されました。ところでこの種の付加項は、古典力学では、系のそれに応じた小さな変化しかひき起こすことができないのにたいして、量子力学では、任意の大きさの変化が、どんなに大きくてもそれだけ小さい確率で起こることになります。この結果は経験と完全に調和しています。放射性崩壊の法則の説明でさえも、少なくともそのだいたいの筋道については、この理論によって与えられることになりました。

一つの理論で、量子論ほどに経験的現象のごく種々雑多なグループの解釈および計算にたいする鍵《かぎ》を与えたことのある理論は、おそらくいまだかつて生みだされたことはなかったのであります。しかし、このことにもかかわらず、私は、この理論が物理学の統一的基礎をめざすわれわれの探究において、われわれを欺いて誤らせることになりがちだ、と信じるものです。というのは、私の信じるところによれば、たとえそれが力と質点という基礎概念から築き上げうる唯一の適切な答え（古典力学の量子的修正）であるにしても、それは実在するものの不完全な表現になっているからです。ただし、表現が不完全であるということは、その規則性の本性が統計的なものである（不完全さ）ということに必然的に対応してくることなのです。次に、この意見の根拠をのべてみたいと思います。

最初に私が問題にしたいのは次のことです。ψ関数というものは、ある力学系のある現実の状態をどの程度に記述しているものでしょうか。ψ_rをシュレーディンガー方程式の（エネルギー値が大きくなる順序にならべた）周期解であると仮定しましょう。個々のψ_rが物理的状態をどこまで完全に記述しているのかという疑問は、さしあたっては棚上げにして、ともかく系ははじめ最低エネルギーε_1の状態ψ_1にあるとします。それからある有限の時間の間、系の状態を変化させるような小さな力〔摂動力〕が作用しますと、それから少し後の時刻ではシュレーディンガー方程式から決まる一つのψ関数が与えられます。それは次の形に表わせます。

$$\psi=\sum c_r\psi_r$$

ただしc_rは（複素量の）定数です。もしもψ_rが「規格化」されていますと、この場合$|c_1|$はほとんど1に等しく、$|c_2|$その他は1に比べて小さくなります。このとき、次のような質問を発してみることにしましょう。このψはその系のある実際の状態を記述しているものなのかどうか。もしもその答えがイエスならば、この状態にたいしてある一定のエネルギー値εを割り当てる以外におそらく仕方がないでしょう。[*3] とくにこの場合のそれは（いずれにしてもつねに$\varepsilon_1<\varepsilon<\varepsilon_2$であるような）少し$\varepsilon_1$を上まわったものになるでしょう。[20] ところが、このような仮定は、それに加えて荷電の離散的な本性についてのミリカンの証明を受け入れるとすれば、J・フランク[21]とG・ヘルツの電子衝突にかんする実験とくい違っているのです。

事実、これらの実験からは、ある状態のエネルギー値として量子化された値の中間にくるような値は存在しないということが結論されるのです。このことから次のことが導かれます。すなわち、一般にψ関数なるものは、実在するもののある一つのものとしての状態をけっして記述しているものではなくて、むしろ個々のエネルギー値の確率がc_rによって表わされるような一つの統計的な供述を表現しているということです。ψ関数が記述しているものは、どのようにしても個々の系の状態に帰属させることができそうなものではなく、むしろそれは多数個の系にかんするもの、統計力学の意味での「系の集団」にかんするものなのです。もしも、ある種の特別の場合を除いて、ψ関数が測定可能な量にかんして統計的な記述しか与えないということになったとしても、そうだからといって、その原因は測定という過程が統計的にしか把握できない未知の要素を導入することだけにあるのではありません。ψ関数が、いかなる意味においても、個々の系の単独での状態を記述するものでないという事実そのものもまた理由の一端をなすものなのです。というのは、シュレーディンガー方程式は系の集団が経験する時間的変化を決定していますが、この変化は個々の系にたいする外力があろうとなかろうと存在しうるものであるからです。

このような解釈はまた、最近私自身とふたりの共同研究者によって示されたパラドックスを取り除いてくれます。このパラドックスというのは、次のような問題に関係しているものです。

二つの部分系AおよびBから構成されている一つの力学系を考えましょう。これらの部分系はたがいに限られた時間の間だけ相互作用するもので、この相互作用をする前の力学系のψ関数は与えられているものとします。その場合、シュレーディンガー方程式は相互作用が行なわれた後のψ関数を与えることになります。次に部分系Aの物理的状態を、測定によって可能なかぎり完全に決定するものとします。そうすれば、量子力学によれば、この測定と全体系についてのψ関数とを使って、部分系Bのψ関数を決定することができます。ところが、この決定の結果は、Aの状態を確定するのに用いられるいくつかの物理量（例えば、座標あるいは運動量）のうちのどれが測定されていたかということに応じて変化することになるのです。相互作用後のBの物理的状態というものはただ一つしかありえませんし、その状態が、Bから切り離されている系Aについてわれわれが行なう特定の測定によって変化するものと考えることはできない以上、このことはψ関数は一意的に物理的状態に対応しているものではない、ということを示しています。いくつかのψ関数が系Bの同一の物理的状態に対応しているということもまた、ψ関数なるものがある個々の系の単独での物理的状態の（完全な）記述とは解釈できないことを示しているといえます。しかしこの場合もやはり、ψ関数を系の集団に対置させることによって、すべての難点は取り除かれることになります。[*4]

ある状態の全体が他の状態へ、実際になにかそれに固有な移行過程の表現を指定することなしに、（一見）非連続的に遷移を起こしているのだということは、量子力学によればこのような簡単なやり方で言えることなのですが、このことは、この理論が実際個々の系を取り扱うものではなくて、多数の系の全体を取り扱うものであるということに結びついています。最初にあげた例での係数 c_r は外力の作用のもとでは実際にほんのわずかしか変化しないのですが、このような量子力学の解釈を使えば、弱い摂動力が、ある系の物理的状態に任意の大きさの変化をつくり出しうるという事実を、どのようにしてこの理論がやすやすと説明できるのかという理由を理解することができます。実際、このような弱い摂動力は系の集団における統計的密度に対応した小さな変化しか生ぜず、したがってまた ψ 関数についても無限にわずかな変化を生じるだけなのです。この種の変化を数学的に記述することは、個々の系のほうがこうむる有限の変化を数学的に表現するさいに生じる困難に比べれば、はるかに容易なことなのです。ほんとうのところ、単独の系に何が起こっているかということは、このような記述様式によってはまったくはっきりしないままで残ります。このあとのほうの過程は、統計的な考察方法を用いた表現からは完全に取り除かれているのです。

しかし、ここで、私は次の質問を呈したいのです。

個々の系に起こっているこの種の重要な変化について、その変化の構造やその因果的な連関の内奥をちらりとでもうかがうことは、われわれにはとうていできないことになっているのだということ、しかもウィルソンの霧箱やガイガーの計数管といったすばらしい発明のおかげで、これらの個々の出来事がわれわれの体験としてきわめて身近なものになってきているという事実にもかかわらずそうなのだということ、このことを信じる物理学者がほんとうにあるでしょうか。このことを信じるのは、矛盾がないという意味で論理的には可能であります。しかしそれは、私の科学的本能にあまりにも強く逆らうものであるがゆえに、私はより完全な考え方をめざす探究を断念することができないのです。

以上の考察につけ加えるべきものとして、量子力学によって導入された方法が全物理学にたいして一つの有効な基礎を与えることになるだろうとする考え方に対抗してだされている、もう一つの種類の議論があります。シュレーディンガー方程式においては、絶対時間あるいはまたポテンシャル・エネルギーという概念が、決定的役割を演じています。他方、相対性理論によればこれら二つの概念は、原理的に認めることのできないものであることがはっきりしています。もしもこの難点からのがれたいと思うならば、理論の基礎を、相互作用の力という概念にではなく、場および場の法則の上におかねばなりません。このことからわれわれは、量子力学の統計的方法を、場すなわち無限に多くの自由度をもつ系に移し変えなければならないことになります。これまでのこの種の試みは線型の方程式に限られており、このことは一般相対性理論の結果から明らかなように十分なものではありえないにしても、この種のきわめて巧妙な試みが当面している問題のやっかいさは、今日までのところですでに恐るべきものなのです。もしもさらに、原理的にはだれもその正しさを疑うもののない一般相対性理論の諸要請に従わせたいと思うならば、このやっかいさは天にもとどく高さのものになるにちがいありません。

あらゆるものについて微小なスケールでのあらゆる現象の示す分子的構造という観点からしますと、空間－時間連続体をここにももち込むことは自然に反することではないか、ということは確かにこれまでもよく指摘されてきたことであります。〔量子力学をつくるときの〕ハイゼンベルクの方法の成功は、自然を記述するのに純粋に代数的な方法が用いられることになりそうだということ、すなわち、おそらく物理学から連続関数が取り除かれることになるという方向をさしているともいえます。そうだとすれば、われわれは空間－時間連続体を使うということも原理上放棄しなければならないわけです。このような径路をたどって前進することを可能にするような方法を、人間の英知がいつの日にか発見するだろうということも、まったく考えられないことではありません。しかしながら現在のところでは、このような計画は真空中で呼吸しようという試みに似ているように思われます。

量子力学が真理の美しい一片をとらえたものであること、そしてそれがなんらかの将来の理論の基礎にたいする一つの試金石になるものだろうということは、疑う余地がありません。試金石といったのは、例えば静電気学が電磁場のマックスウェル方程式から導きだすことができ、あるいは熱力学が古典力学から導きだすことができるというのとちょうど同じように、量子力学が将来の理論の基礎からある極限の場合として導きだされるはずだということなのです。しかしながら、量子力学がこの基礎をめざす探究にあたっての出発点の役割を果たすことになるだろうとは、私には信じられないのです。それはちょうど、熱力学（あるいは統計力学）から出発して、逆に力学の基礎に到達することができたであろうというのと同じです。

このような事情を考えますと、どんな手段をもってしても場の物理学の基礎を量子論の諸事実と調和させることはできない相談なのかどうか、という疑問を真剣に考慮してみることは、まったく正当な根拠のあることのように思われます。このような考えは、われわれが今日用いうる数学の表現手段の範囲内で、一般相対性理論の要請に適応させる、その可能な唯一の基礎ではないでしょうか。このような試みにはおそらく見込みがないだろうとは、今日の物理学者に支配的になっている信念ですが、それは、この種の理論は第一近似として粒子の運動にたいする古典力学の方程式あるいは少なくとも全微分方程式を与えるべきであるという根拠のない考えに根ざしている、といってよいように思われます。ただし実際問題としては今日までのところ、われわれは、粒子を、特異点をふくまない場によって理論的に表現することに確かに成功していませんし、またそのような粒子の性質について語りうるものはア・プリオリにはなに一つとして存在していないのです。しかしながら、一つのことだけは確かです。すなわち、もしもなんらかの場の理論の結果として特異点をふくまない粒子の表現が与えられるならば、この種の粒子の時間的な振舞いは場の微分方程式だけから決定されているということです。

6　相対性理論と粒子

さて、次に私は、一般相対性理論によれば、場の方程式の特異点をもたない解が存在し、それは粒子を表現するものと解釈することができる、ということを説明することにしましょう。ここでは、電気的に中性の粒子の場合に議論を限ることにしますが、それはごく最近、他の場所でローゼン氏と共同でこの問題の詳細な取扱いがなされているためであり、また問題の本質的な点はこの場合によって完全に明らかにすることができるからでもあります。

重力場はテンソル$g_{\mu\nu}$によって完全に記述されます。〔われわれの理論に使われているこの〕三指標記号$\Gamma_{\mu\nu}^{\sigma}$には、そのほかに反変量$g^{\mu\nu}$が現われますが、それは$g_{\mu\nu}$の小行列式を行列式g（$=|g_{\mu\nu}|$）で割ったものとして定義されています。リーマンの曲率テンソルR_{ik}が定義され、かつそれが有限であるためには、連続体のあらゆる点の近傍で、$g_{\mu\nu}$およびその一次微分係数が連続でかつ微分可能になっている座標系が存在するというだけでは十分でなく、そのほかに行列式gがいたるところで0でないようになっていることが必要になります。しか

し、微分方程式 $R_{ik}=0$ の代わりに、$g^2R_{ik}=0$ という、左辺が g_{ik} とその微分係数の有理整関数になっているものをとることにすれば、この最後の条件は取り除かれます。

この方程式は、シュワルツシルトによって示された、次のような中心対称の解[22]をもっています。

$$ds^2=\frac{1}{1-2m/r}dr^2-r^2(d\theta^2+\sin^2\theta d\varphi^2)+(1-\frac{2m}{r})dt^2$$

この解は $r=2m$ に一つの特異点をもっています。つまり、dr^2 の係数（すなわち g_{11}）がこの超曲面 $r=2m$ 上で無限大になります。しかしながら、変数 r の代わりに方程式

$$\rho^2=r-2m$$

で定義されたρに変数を置きかえますと、次の形の解が得られます。

$$ds^2=-4(2m+\rho^2)d\rho^2-(2m+\rho^2)^2(d\theta^2+\sin^2\theta d\varphi^2)+\frac{\rho^2}{2m+\rho^2}dt^2$$

この解はρのすべての値にたいする〔特異点のない〕正則関数になっています。確かに dt^2 の係数（すなわち g_{44}）が $\rho=0$ にたいして0になるということとの結果として、行列式 g がρのこの値にたいしては0になるということはありますが、ここで採用した形式で場の方程式を書きかえておくことにすれば、このことは解の特異点をつくることにはならないので

す。

というのは、もしもρの値が-∞から+∞にまでわたって変化するものとしますと、それに応じてrの値は+∞から$r=2m$にまで動いていき、それからまた+∞にもどります。一方、rの値が$r<2m$に対応しているようなところでは、それに対応するρの実数値は一般に存在しません。したがって、物理空間を$\rho=0$、すなわち$r=2m$の超曲面で接している二つの合同な「殻」から構成されているものとして表現することにすれば、シュワルツシルトの解は一つの正則な解になります。ただし、この$r=2m$の超曲面では行列式gの値は0になります。このような二つの（合同な）殻の間の一つの接続を「橋」とよぶことにしましょう。二つの殻の間のその種の橋が有限の領域内に一つ存在するということは、一つの中性粒子の存在ということに対応しており、それは特異点の現われないやり方で記述されています。

いくつかの中性粒子の運動の問題を解くということは、明らかに、（分母を払った形に書かれた）重力方程式の解でいくつかの橋をふくんでいるようなものを見つけることに帰着することになります。

「橋」は本来一個の離散的要素であり、そのかぎりでは、以上でスケッチしたような考え方は、ア・プリオリに物質の原子的構造に対応しているものです。そればかりではなく、特異点のない解には、mの負の値にたいするシュワルツシルトの解に相当するといえるものがない以上、この中性粒子の質量定数mは必ず正でなければならないことがわかります。

このような理論的方法によって、自然に見いだされている粒子の質量が等しいという、実験的に明らかな事実の説明が与えられるのかどうかということ、さらにまた量子力学によってあのようにみごとに解き明かされた諸事実がそれにも同様に考慮されているのかどうか、といったことは、多橋問題を検討することによってはじめて明らかにすることのできる問題なのであります。

以上のものと類似のやり方で、重力と電磁気の方程式を組み合わせたものから（ただし、重力方程式中の電磁場の項の符号を適当に選んで）、橋としての荷電粒子の特異点をふくまない表現をつくることも可能です。この種の解のなかでもっとも簡単なものは、重力質量をもたない荷電粒子に対応するものになっています。

多橋問題を解くことにつきまとっている重大な数学的困難が克服されないかぎり、物理学者の立場からこの理論の有用性について云々《うんぬん》することはできません。しかしながら、実際のところ、それは物質の諸性質を説明する可能性を提供する場の理論を、首尾一貫した形に仕上げるという方向の試みとして最初のものになっていることは間違いありません。この理論に与《くみ》することとしてそれ以外につけ加えるべきことがあるとすれば、それはこの理論が、一般相対論的な場の方程式として数学的に可能であると今日見なされているもののなかでもっとも簡単なものを基礎にしている、ということであります。

まとめ

物理学は、進化の途上にある一つの理論的な思考の体系になっているものであり、その基礎はなんらかの帰納的方法を使って、われわれがそれに浸って生活している直接経験を蒸溜《じょうりゅう》していけば得られる、というものではありません。むしろそれは、自由な創意によってはじめて獲得しうるものであります。この体系の正当性（真理価値）は、その帰結としての諸命題が知覚体験に基づいて証明されるということにかかっています。この場合、経験の体系にたいする関係は、直観的にしか会得できないものなのです。進化がつづけて行なわれていく方向は、論理的基礎の単純さを増大していく方向になっています。この目標により接近していくには、論理的基礎が経験的諸事実からますますかけ離れたものになっていくこと、そしてまた、基本的な諸概念からそれらの帰結であると同時に種々の知覚体験との関連を保つものである諸定理へのわれわれの思考の旅路は、たえずますます苦労の多い、より道程の長いものになっていくことに甘んじなければなりません。

基本的な諸概念が、素材としての経験に依存すると同時に体系の内的完全性をめざす努力に依存しつつ発展してきた模様を、できるだけ簡潔に素描しようというのが、私の目的でありました。物理学の今日の情勢にたいしても、このような考え方から光を当てざるをえませんでしたが、その光景は私にはそう見えるというにすぎません（歴史的、図式的な表現が個人的な色彩を帯びるということは避けられないことです）。

私がまずはっきりさせようとしたことは、物体、空間、主観的ならびに客観的時間といった概念が、相互間でまた経験の本性とどのように結びついているかということです。古典力学では空間の概念と時間の概念とは独立なものになっています。この理論の基礎をつくるさいに、物体の概念は質点の概念によってとって代わられます。そのことは同時に、力学というものが根本では原子論的なものになっていることを意味しています。力学をすべての物理学の基盤にしようとする試みにたいして、光と電磁気は超えがたい困難を生みだします。このようにして、電磁気の場の理論へと導かれ、さらに後になると（ただし、古典力学との一種の妥協が試みられたあげくに）、場の概念を基礎にしてその上に全物理学を築こうとする試みが生じます。この種の試みが相対性理論へと導くものなのであります（それは空間および時間の概念の、計量的構造をもった連続体への昇華の過程であります）。

次に私が明らかにしようとしたことは、量子論というものが、〔将来の〕物理学にたいして有用な基礎を与えるのに適しているとはとうてい思えない、という私の意見がどういう理由によるものかということであります。それは、量子論的な記述を個々の物理系または過程の完全な記述と見なそうとしますと、矛盾にまき込まれるということになるということです。

他方、現在までのところでは、場の理論によっては物質の分子構造や量子現象の説明を与えることはできていません。しかしながら、私が最後に言いたかったのは、場の理論というものが、それがその方法としているものから考えて、この種の問題の解決を与えることができないものなのだ、という信念は、偏見に基づくものであるということであります。

原　注

＊1　われわれが自分自身でつくり出した概念、それ自身定義ですましえない概念を使うことによってしかこれらの物体について議論することができないというのは、当然のことである。ただし、そのさい肝心なことは、われわれは素材としてのわれわれの経験との対応にかんして疑問の余地のないような概念だけを利用するということである。

＊2　理論のこの欠点は、すべてのK_0にたいしての妥当性を要求するように力学を定式化することによってのみ除かれうるものであろう。これは一般相対性理論に導く諸段階の一つにほかならない。同じく一般相対性理論の導入によってのみ除かれた第二の欠点は、質点の重力質量と慣性質量が相等しいということにたいして、この力学自身からはなんらの理由も与えることができないという事実にある。

＊3 なぜならば、相対性理論の十分確立された結果によれば、(静止している) ある完全な系のエネルギーは (全体としての) その慣性に等しくなるが、これはある確定値をもつはずだからである。

＊4 この場合、例えば、Aを測定するという操作は、〔測定前の系の集団に比べて〕より狭い系の集団への移行を意味することになる。この集団 (したがってそのψ関数) は、それに従って系の集団がせばめられる立場に応じて変化するわけである。

訳 注

(1) Immanuel Kant 一七二四～一八〇四。ドイツの哲学者。初期にはラプラスの星雲説の先駆をなす宇宙論をふくむ自然科学的著作をなしたが、後には「知識」の問題を中心にして、啓蒙主義のイデオロギーとしてのいわゆる批判哲学の主流となった。主著『純粋理性批判』(第二版、一七八七年) において、「先天的」と「経験的」命題、「分析的」と「綜合的」命題との区別を論理的に明らかにした上で、「先天的綜合判断」はいかにして可能になるかを問題にした。その結果、経験は知識の源であることは確かであるにしても、われわれの知識の一部には、経験から帰納しえないものがあることを主張した。彼はこの結論をコペルニクスの地動説の発見になぞらえて、哲学におけるコペルニクス革命と称した。

(2) René Descartes 一五九六～一六五〇。フランスの哲学者、数学者。主著『哲学の原理』において、きわめて独創的な宇宙論を展開し、近代思想の創立者の一人と見なされている。彼の思想はニュートン的世界像に対抗するものとしてヨーロッパを支配した。彼の座標幾何学の研究は、有名な『方法序説』を序文として、光学、天体運動にかんする研究とともに一六三七年に刊行された。座標の概念は必ずしもデカルトが創始したものとはいえないが、ギリシアの連続の数学（幾何学）とインド・バビロニアの計算術（代数学）とを最初に体系的に綜合したものとして高く評価されている。

（3）　ニュートンが絶対運動の存在の例証としてあげた実験。水を入れた桶を綱でぶら下げて次の一連の実験をする。ⓐ綱をねじってからはなすと、桶は回転をはじめる。この回転の初期の状態では、桶は水にたいして相対運動をしており、水の表面は水平になっている。ⓑしばらくすると、水もともに回転しはじめ、そしてついには水は桶にたいして静止している状態になる。この状態では、水の表面は曲面になっている。ⓒ次に桶を急に押さえてその回転を止めてやる。この場合、水は桶にたいして運動している。この相対運動はⓐの場合と同じである。しかしこの場合、水の表面は曲面になっている。ⓓ最後には、水の回転もなくなり、桶にたいして静止することになる。この状態は相対運動としてはⓑと同じであるが、水の表面は今度は水平である。この一連の実験から、ニュートンは次のように主張した。水の表面が、水の運動の基準としての桶の運動状態にかかわらず水平面であったり、曲面であったりすることは、この水の運動が基準系の役割を果たすことができないものであることを示している。つまりこの運動は単なる相対運動ではなく、絶対的に実在する運動であり、このような絶対運動が存在することはまた、この運動が起こっている枠としての絶対的な空間・時間の存在を意味している。この議論では、水の表面を曲面にする力をその効果としてもつ絶対的な加速度の存在が主張されている。これにたいし、絶対的な加速度を否定し、例えば遠方の恒星にたいして相対的な加速度だけが意味をもつとする立場がある。この種の立場は「マッハの原理」とよばれている。マッハは彼の『力学の発達とその歴史的批判的考察』のなかで、ニュートンの水桶の実験を批判して、遠方の恒星を桶の周りで回転させ、(a)または(c)と同じ相対運動を行なわせた場合、ニュートンによれば水の表面は水平面であるとされるが、相対的な加速度のみが意味をもつとすれば、水面は曲面になると考えるべきであろうと論じた。現実の宇宙における質量分布が慣性による加速度に効果をもつかどうかという立場から、最近マッハの原理の実験的検証が試みられているが、決定的な結果は得られていない。しかし、このマッハの考えが若い日のアインシュタインに少なからぬ影響を与えたことは、アインシュタイン自身も認めている。

(4) ニュートンが彼の主著『プリンキピア』第三巻の末尾の一般的注解(スコーラム)のなかで、彼の万有引力の本性についてのべた条にあることば。「……しかし私は、これまでのところでは、重力の示すこれらの性質を現象から見いだしてくることができていない。現象から導きだされないことはなにごとであれ、仮説と目されるべきである。私はかかる仮説はなに一つつくることをしない。そして、仮説は、その本性が形而上的または自然的であれ、神的または機械的であれ、実験的学問においては無用のものなのである」。この意味でニュートンは、重力をなにか物体をとりまく媒質の性質として導こうと試みたが、成功しなかった。

(5) ここでいう極性とは、空間の座標軸の向きを逆転させる座標変換(空間反転)にたいする変換性に関連している。普通のベクトルは逆転にたいして符号を変えるが、回転力や磁気力にかんするベクトルは符号を変えない。しかし、反転のような非連続的な変換にたいして、物理法則がどのように振舞うかは、古典力学の基本法則とは一応独立な問題である。

(6)　磁気的質量または磁極間の力を独立に導入しないで電磁気学をつくろうとすれば、定常電流すなわち一定速度で移動する荷電粒子間の力を電流の磁気作用として導入する必要があり、クーロン力以外に複雑な相互作用が必要になる。この種の作用は実はクーロン力の相対論的補正として得られるもので、独立な相互作用として導入する必要のないことを明らかにしたのがアインシュタインの特殊相対性理論にほかならない。

(7)　一般にベクトル場 $\vec{A}(x, y, z)$ の発散（ダイバージェンス）とは、数学的には次式で定義される量である。

$$\mathrm{div}\vec{A}=\frac{\partial A_x}{\partial x}+\frac{\partial A_y}{\partial y}+\frac{\partial A_z}{\partial z}$$

ただし、A_x、A_y、A_z はベクトル $\vec{A}$ の三つの直交成分である。例えば $\vec{A}$ が単位密度の流体の定常的な速度ベクトル場を表わすとすれば、$\mathrm{div}\vec{A}(x, y, z)\Delta x\Delta y\Delta z$ という量は点 $P(x, y, z)$ を一つの頂点として縦・横・高さがそれぞれ Δx、Δy、Δz の直方体内から流出する流体量を表わすことになる。いいかえればこの量は点 P にある流体の湧源の強さのめやすを与える。電場という非直観的な場を、荷電から発せられた電気力線（電場の流線）によって直観的に描像した場合、電場のダイバージェンスは、さきの流体の類推からいえば、電場の湧源の強さ、すなわち点 P における荷電密度の大きさに相当することになる。

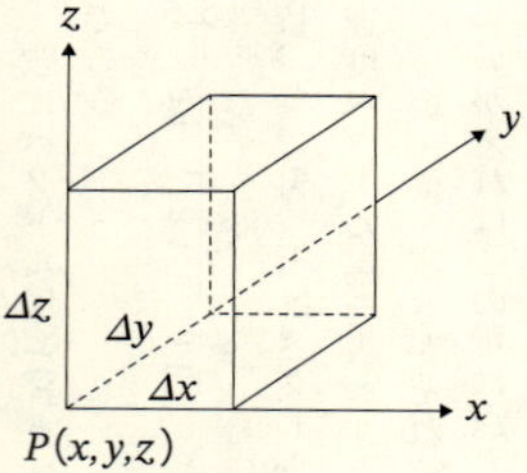

$$x\text{方向}：\frac{\partial A_x}{\partial x}\Delta x\ \Delta y\ \Delta z$$

$$y\text{方向}：\frac{\partial A_y}{\partial y}\Delta x\ \Delta y\ \Delta z$$

$$z\text{方向}：\frac{\partial A_z}{\partial z}\Delta x\ \Delta y\ \Delta z$$

$$\text{流出量}=\left(\frac{\partial A_x}{\partial x}+\frac{\partial A_y}{\partial y}+\frac{\partial A_z}{\partial z}\right)\times\Delta x\ \Delta y\ \Delta z$$

$$\mathrm{div}\vec{A}=\lim_{\substack{\Delta x\to 0\\ \Delta y\to 0\\ \Delta z\to 0}}\left(\frac{\text{流出量}}{\Delta x\ \Delta y\ \Delta z}\right)$$

（8）「物動力」とは、慣性をもつ普通の物質間の相互作用として解釈される力をいう。例えば、万有引力は確かにその種のものであるが、電気・磁気の作用は慣性をもつ物体が帯電または帯磁状態で示す一つの作用であって、その本質は必ずしも現在でも明らかでない。本文中の「電気的質量」「磁気的質量」ということばは、その意味で電磁気的作用の源になっている不明の質料をさしている。

（9）ある慣性系 $S(x, y, z, t)$（ただし x、y、z は空間座標、t は時間座標）の原点におかれた光源から発した光の波面は、時間 t の0点で光が発射されたものとし、かつ S での光速を c とす

れば

$$x^2+y^2+z^2=c^2t^2 \qquad (1)$$

という球面になる。もう一つの慣性系すなわちSにたいして一定速度で運動する座標系$S'(x', y', z', t')$から見た場合、SとS'がともに時刻0で同じ原点にあったとすれば、Sに静止している光源からの光の波面はやはり

$$x'^2+y'^2+z'^2=c'^2t'^2 \qquad (2)$$

となる。ただしc'はS'での光速であるが、特殊相対性原理によれば、いかなる慣性系S'をとってもc'はcに等しい。そこで、本文のように$dx_1{}^2+dx_2{}^2+dx_3{}^2-dx_4{}^2=dx^2+dy^2+dz^2-c^2dt^2$を不変にする変換としてのローレンツ変換は、$x^2+y^2+z^2=c^2t^2$を変換して$x'^2+y'^2+z'^2=c'^2t'^2$にする変数変換といってもよい。

話を簡単にするためにS'はSのx軸に沿って一定速度で運動している慣性系とする。ニュートン力学の立場（例えば流水算といった形で用いられている）からいえば、SとS'の変換式は明らかに

$$x'=x-vt,\ y'=y,\ z'=z,\ t'=t \qquad (3)$$

となる。(3)を(2)に代入すれば

$$x^2-2xvt+v^2t^2+y^2+z^2=c^2t^2 \tag{4}$$

となり、明らかに(1)と一致しない。そこで(3)（一般に「ガリレイ変換」とよばれる）の代わりになるべき変換としては、y、zについては修正せず、xとtとが入りまじることによって(4)の余分な項を消すことを考えるのがいちばん早道のように思われる。そこで

$$x'=x-vt,\ y'=y,\ z'=z,\ t'=t+ax \tag{5}$$

とおいて、(2)に代入すると

$$x^2-2xvt+v^2t^2+y^2+z^2=c^2t^2+2c^2axt+c^2a^2x^2 \tag{6}$$

となる。そこで、$c^2a=-v$ つまり $a=-\frac{v}{c^2}$ とすれば xt の項は消えて、(6)は

$$x^2\left(1-\frac{v^2}{c^2}\right)+y^2+z^2=c^2t^2\left(1-\frac{v^2}{c^2}\right) \tag{7}$$

となる。(7)でxとtの縮尺を共通に$\frac{1}{\sqrt{1-v^2/c^2}}$の割合で調整してやれば、(7)は(1)と一致することがわかる。したがって求める変換は

$$x'=\frac{x-vt}{\sqrt{1-v^2/c^2}},\ y'=y,\ z'=z,\ \frac{t-(v/c^2)x}{\sqrt{1-v^2/c^2}} \tag{8}$$

となる。(8)のローレンツ変換は、$\beta\equiv v/c$, $\gamma\equiv 1/\sqrt{1-\beta^2}$ という記号を使って

$$x'=\gamma(x-\beta ct),\ y'=y,\ z'=z,\ t'=\gamma(t-\beta x/c) \qquad (9)$$

と書かれることが多い。

慣性系Sのx軸に沿って静止しておかれた物差の長さがlであるということは、物差の両端の座標をx_1、x_2とすれば

$$l=x_2(t)-x_1(t)$$

で表わされる。S'における物差の長さl'は、(9)を使って$l'=x_2'(t')-x_1'(t')$で表わされるから

$$l=x_2-x_1=[x_2'(t')\gamma+ct'\beta\gamma]-[x_1'(t')\gamma+ct'\beta\gamma]=\gamma[x_2'(t')-x_1'(t')]=\gamma l'$$

$$\therefore l'=\frac{l}{\gamma}=l\sqrt{1-\beta^2} \qquad (10)$$

となる。つまり運動する物差は、その方向に$\sqrt{1-\beta^2}$の割合でちぢむことになる。これは「ローレンツの収縮」とよばれている。

またSで静止している時計の時間間隔とS'での時間間隔の関係も、(9)から

$$t'=\gamma\tau=\frac{\tau}{\sqrt{1-\beta^2}} \qquad (11)$$

となる。つまり、運動する時計はおくれることになる。

(10) 注9のローレンツ変換の式(9)は、x、y、z、tの定数係数による組合せとしてx'、y'、z'、t'を与えている。この種の変換は線型変換であるといわれる。それにたいして、例えば$x' = ax^2 + bt$というような変換は非線型である。一般にはf_iを任意の関数として

$$x_i' = f_i(x_1, x_2, x_3, x_4)$$

という形で与えられる。

(11) $ds^2 = g_{\mu\nu}\,dx_\mu\,dx_\nu$は、この空間での隣接二点間の距離(線素)を与える。例えば$\mu, \nu = 1, 2, 3$で$g_{11} = g_{22} = g_{33} = 1$、他の$g_{\mu\nu}(\mu, \nu = 1, 2, 3) = 0$という場合には、その線素をもつ空間は三次元ユークリッド空間になり、$\mu, \nu = 1, 2, 3, 4$で$g_{11} = g_{22} = g_{33} = -g_{44} = 1$、他の$g_{\mu\nu}(\mu, \nu = 1, 2, 3, 4) = 0$の場合には、特殊相対性理論の空間になる。この場合、g_{44}の符号が一つ逆転している意味で四次元擬ユークリッド空間とよばれている。このような意味でx_μの関数としての$g_{\mu\nu}$を係数とする正値の二次形式$g_{\mu\nu}\,dx_\mu\,dx_\nu$で隣接二点間の距離が規定される空間は、一般計量空間とよばれる。この種の一般的な空間論(幾何学)の研究は、ガウス(一七七七〜一八五五)によって曲面上の幾何学として展開されたが、その線に沿って幾何学の基礎として上述の計量から出発して論じたのはリーマン(一八二六〜六六)である。その意味でこの計量空間は「リーマン空間」ともよばれている(リーマン空間の意想が発表されたのはリーマンが一八五四年に発表した私講師の資格論文「幾何学の基礎をなす仮説について」においてである。この論文は「世界の名著」第65巻『現代の科学I』中央公論社、一九七三年 参照)。

座標変換$\{x_\mu\}\to\{x_\mu'\}$にさいして、さきの$g_{\mu\nu}$という量は積$x_\mu x_\nu$と同じ変換を受ける。一般にn個の積$x_\mu x_\nu\cdots\cdots x_\sigma$と同じ変換を受ける量を$n$階のテンソルとよぶ。その意味でさきの$g_{\mu\nu}$は二階のテンソルであり、ベクトルは一階のテンソルといえる。変換を受けない量はスカラー量とよばれる。

(12)　ガウスは曲面論で、曲面上の二種の曲線群（それぞれを指定する変数をp、qとする。これらは必ずしも直交しなくてもよい）を座標変数（いわゆる曲線座標）として用いたとき、曲面上の線素ds^2は$ds^2=Edp^2+2Fdpdq+Gdq^2$で表わされ、p、qの特定関数としてのE、F、Gおよび線素の全体は曲面ののびちぢみしない変形にたいして不変な意味をもつことを示した。また曲面の曲率のめやすとして、主曲率半径R_1、R_2を使った$K=\frac{1}{R_1R_2}$という量を導入した。このような考えをn次元のリーマン空間に拡張すると、ある点から他の点へベクトルを平行移動させたときの変化を決める量として、$g_{\mu\nu}$およびその微分量からつくられる四階のテンソル$R^\rho_{\mu\nu\sigma}$が導かれる。$R^\rho_{\mu\nu\sigma}$が0であれば、ベクトルは平行移動しても変化しないユークリッド空間になる。つまり平面は平坦であるといってよい。0でない$R^\rho_{\mu\nu\sigma}$をもつということは、その意味では空間が曲率をもつことを意味しているといえるので、この四階のテンソルは「リーマンの曲率テンソル」とよばれる。四次元のリーマンの曲率テンソルからρとσという添字をそろえて加え合わせてつくられる（この操作を縮約とよぶ）二階のテンソル$R_{\mu\nu}$がアインシュタインの重力理論に役割を演じるわけである。さらにこの$R_{\mu\nu}$と基本テンソル$g_{\mu\nu}$との積でμとνの添字をそろえて加え合わせてやれば、スカラー量Rが得られる。このRはさきのガウスの曲率のめやすKの一般化にほかならない。

(13) 注11および注12参照。

(14) 荷電の存在しない空間での重力場と電磁場を統一的に記述する方程式を五次元リーマン空間のなかで幾何学的に解釈しようとする試みは、一九二一年ころ、カルツアによって試みられ、その後クラインによって修正発展させられた。$\gamma_{\mu\nu}(\mu, \nu=1, 2, 3, 4, 5)$を五次元リーマン空間の計量テンソルとする。ただし、$\gamma_{\mu\nu}$は第五の変数x_5によらない（円筒条件）、かつ$\gamma_{55}=1$という規格をとると、対称テンソル$\gamma_{\mu\nu}$のなかで独立な成分は一四個になる。そのなかの一〇個の成分$\gamma_{ik}(i, k=1, 2, 3, 4)$からつくった$\gamma_{ik}-\gamma_{i5}\gamma_{k5}$が重力場の量$g_{ik}$に相当し、残りの四つの量$\gamma_{i5}(i=1, 2, 3, 4)$が電磁場の量になると考える。この理論によれば、五次元空間でのスカラー曲率から変分原理を使って運動方程式が導かれ、荷電粒子の運動径路は五次元空間で測地線として求められ、方向は粒子の比電荷（e/m）で決まることになる。

この幾何学的解釈は興味ある結果を与えるとはいうものの、円筒条件やγ_{55}の規格等の仮定はいささか人工的である恐れを免れがたい。この点についての改良が、ヴェブレン、スカウテン、ダンツィク等の数学者によって、五次元の射影幾何学を利用して行なわれた。x_1、x_2、x_3、x_4、x_5の五つの変数についての対称性を全面的に活かしながら、第五の座標は他の座標との比でしか幾何学的な意味をもたない（斉次座標）とすることによって、形式的には整備された理論形式がつくられた。一九三一年にパウリは「五つの斉次座標による自然法則の定式化」という論文で、この種の理論がもとのカルツア‐クラインの理論の内容を本質的に超えるものでないことを示した。もとの理論をさらに修正発展させることはクラインによって試みられている（円筒条件を周期条件に拡張するなど）が、本質的に新しい結果は得られていない。

(15) ダンツィクならびにパウリの研究については注14参照。

(16) 一九〇〇年十二月にベルリンでの物理学会の席上で、熱輻射つまりある温度で熱平衡にある物質と輻射の系のエネルギースペクトルを説明するためにプランクによって導入された自然定数。この定数は、作用つまりエネルギーと時間の積または運動量と座標の積の次元をもつ。その意味で「作用量子」ともよばれる。ごく短い時間内でのエネルギーのやりとりや、微視的な粒子の位置と運動量（つまり運動状態）の決定は、この量子の存在によって無限に精細に実行できないことになる。ただしこの定数の大きさに比べて大きな作用が関与する現象では、量子効果は無視することができる。

(17) ボーアは、水素原子からのスペクトルを説明するために、プランクの作用量子を用いて、水素原子はエネルギーが離散的な値E_nをとる定常状態にあり、その間に、ある確率で遷移が起こる、遷移にさいして放出される光の振動数νは$h\nu=E_n-E_m$（hはプランク定数）で与えられる、と仮定した。この定常状態と振動数条件とを基礎とする原子構造の量子論は、後に合理的な量子力学に発展させられた。

(18) ハイゼンベルク（Werner Heisenberg　一九〇一〜七六）、ディラック（P. A. M. Dirac　一九〇二〜八四）、ド・ブロイ（Louis Victor de Broglie　一八九二〜一九八七）、シュレーディンガー（E. Schrödinger　一八八七〜一九六一）は、いずれも合理的な量子力学の建設に貢献した理論物理学者。ド・ブロイは学位論文において、幾何光学と波動光学の相関関係の類推から、物質粒子に随伴し、その運動を嚮導する物質波の理論を構想した。シュレーディンガーはボーアの原子の定常状態を、定在波として波動論の形式を使って導く理論形式を展開した。ド・ブロイ－シュレーディンガーの系列に属する理論は波動力学とよばれている。ハイゼンベルクはゲッチンゲン大学でボルンの示唆のもとで、行列の固有値として原子系のエネルギー離散値を与える理論形式を展開し、ボーアの指導のもとで、不確定性関係等による量子力学の合理的解釈を行なった。この理論は「行列力学」とよばれている。波動力学と行列力学の同等性は、シュレーディンガー、ディラックによって変換理論として定式化された。ハイゼンベルクおよびシュレーディンガーの思想については「世界の名著」第80巻『現代の科学Ⅱ』中央公論社、一九七八年、参照。

(19) Max Born　一八八二～一九七〇。ドイツの理論物理学者。ゲッチンゲン大学の教授として、量子力学の建設に、その弟子たちとともに貢献した。ハイゼンベルク、ヨルダンとともに量子力学の行列形式を発展させ、波動関数の確率的解釈を最初に与えた。ナチスに追われ、後年はエジンバラ大学に移り、第二次大戦後、ドイツにもどった。一九五四年、ノーベル物理学賞を受けた。

(20) R. A. Millikan　一八六八～一九五三。アメリカの実験物理学者。電子荷電の直接測定や分光学上の研究を行なった。一九二三年、ノーベル物理学賞を受けた。

(21) J. Franck　一八八二～一九六四。ドイツ生まれの実験物理学者。ヘルツ（G. L. Hertz　一八八七～一九七五）とともに電子線と原子との衝突過程によるエネルギー損失を調べ、原子系によって授受されるエネルギーが量子化されていることを実証し、一九二五年、ノーベル物理学賞を受けた。フランクは後年はアメリカに移り、原子兵器にかんするフランク報告の起草者として平和運動にも努めた。ヘルツは、電磁波の実験的検証を行なったヘルツ（H. R. Hertz）の甥。

(22)　この解はアインシュタインの場の方程式（一〇五ページ参照）の球対称な解として、一九一六年、シュワルツシルト（K. Schwarzschild）によって導かれた。ここでは、ニュートン力学と特殊相対性理論との結果を基にした導き方を示しておこう。

　静止していると見なせる大きな質量M（例えば太陽）の周りの中心対称な重力場を考える。この重力場のなかで無限遠から一つの箱K_∞がMに向かって動径方向に自由落下してくるとする。Mの静止系は無限遠ではユークリッド空間と近似できる。しかもK_∞の運動は自由運動だから、K_∞内では重力場は消えていて、K_∞とともに動く座標系はユークリッド計量をもつと考えてよい。その動径方向の座標をx_∞、それに直角な平面内の座標をy_∞、z_∞、時間座標をt_∞とする。Mの静止系の座標として、空間極座標r、θ、φ、時間座標をtとすれば、$(x_\infty, y_\infty, z_\infty, t_\infty)$と$(r, \theta, \varphi, t)$との間の変換は、距離$r$での箱の速度を$v$とすれば、静止系と速度$v$での運動系との間のローレンツ変換で与えられる。

$$dx_\infty = dr/\sqrt{1-\beta^2},\ \beta = \frac{v}{c}$$ （ローレンツのちぢみ）

$$dt_\infty = dt\sqrt{1-\beta^2}$$ （アインシュタインの時計のおくれ）

$$\left.\begin{aligned} dy_\infty &= r d\theta \\ dz_\infty &= r \sin\theta d\theta d\varphi \end{aligned}\right\}$$ （運動の直角方向の距離の不変性）

K_∞に固定されているユークリッド計量

$$ds^2 = dx_\infty{}^2 + dy_\infty{}^2 + dz_\infty{}^2 - c^2 dt_\infty{}^2$$

から、以上の関係を使ってMの静止系の線素の形式に変換すると

$$ds^2 = \frac{dr^2}{1-\beta^2} + r^2(d\theta^2 + \sin^2\theta d\varphi^2) - c^2 dt^2(1-\beta^2)$$

となる。$1-\beta^2$という項は、この特殊な場合によって生じた項なので、この項をK_∞にたいするエネルギー保存の関係、つまり運動エネルギーと位置のエネルギーの和が一定という関係を使って消去する。それには本文にもあるとおり、質量mの物体のもつ総エネルギーはmc^2であることを用いる。ただし、mは相対論的質量で速度をvとすれば$m = \frac{m_0}{\sqrt{1-\beta^2}}$ ただしm_0はvが0のときの質量、いわゆる静止質量である。したがって、運動エネルギーは$mc^2 - m_0 c^2$となる。Mの重力場内で、距離rの点で質量mのもつ位置のエネルギーは、ニュートンの重力定数をGとすれば、$-\frac{GmM}{r}$である。したがって、運動エネルギーと位置エネルギーの和は

$$(m-m_0)c^2-\frac{GmM}{r}$$

となる。無限遠（r→∞）では $m\to m_0$、第二項は0、つまりエネルギーの一定値は0であるから、エネルギー保存の法則は

$$(m-m_0)c^2-\frac{GmM}{r}=0$$

となる。これを mc^2 で割ってやれば

$$1-\sqrt{1-\beta^2}=\frac{\alpha}{r}\ ;\ \alpha=\frac{GM}{c^2}=\frac{kM}{8\pi}$$

ただし、k はアインシュタインの重力定数 $=\frac{8\pi}{c^2}G$

　この関係から $\sqrt{1-\beta^2}=1-\frac{\alpha}{r}$

α/r が十分小さい場合、これから近似的に

$$1-\beta^2\cong 1-\frac{2\alpha}{r}$$

したがって、中心対称な重力場として

$$ds^2=\frac{dr^2}{1-2\alpha/r}+r^2(d\theta^2+\sin^2\theta d\varphi^2)-c^2(1-2\alpha/r)dt^2$$

となる。 αをmと読みかえれば、本文の解にほかならない。因みに、 αの値として、M＝$3.3\cdot 10^5 M_{地球}$, g(＝地表での重力加速度)＝$GM_{地球}/R^2$, (R＝地球の半径＝$2/\pi\cdot 10^7$m)を使って算定すると、

$$\alpha = 3.3\cdot 10^5\cdot g\left(\frac{2}{\pi}\cdot\frac{10^7}{3\cdot 10^8}\right)^2 = 14.6\times 10^2\text{m}\sim 1\text{km}$$

となる。

「物理学と実在」解説

筒井　泉

本書に収められた「物理学と実在」は、一九三六年に米国のフランクリン協会会報(Journal of the Franklin Institute)に掲載されたアインシュタインの論説である。これはその前年、彼が同協会のフランクリン・メダル(一九一五年に始まる米国の権威ある科学賞で、初回はエジソンとカメリング・オネスが受賞している)を授与されたことを契機に、協会から委嘱されて執筆したものと思われる。アインシュタインは若い頃から哲学に親しみ、科学と哲学に関する所感を生涯にわたり少なからず発表しているが、この論説はその中でも時空の基本概念から説き起こし、相対性理論の着想、量子力学への疑念、そして統一場理論への構想までを丁寧に、かつ率直に述べている点で、白眉と言うべきものである。

本論説の発表時から少し時代をさかのぼると、一九二一年以来、三度の訪問と滞在を通して米国との絆を深めていたアインシュタインは、一九三二年にプリンストンの高等研究所からの教授職（ベルリン大学教授との兼職）の申し出を受けてこれを受諾し、ドイツと米国で均等に研究時間を過ごすことにしていた。ところが翌年、ドイツでナチスが政権を掌握したことから、彼はベルリンの職を辞してプリンストンに家族とともに移り、そして生涯、二度と故国ドイツの土を踏むことはなかった。米国議会はその翌年、アインシュタインに米国市民権を特別に授与する決議を行なったが、その特権的扱いを拒否した彼は一九三五年に一般の移民と同様に申請を行ない、一九四〇年に漸くそれが認められて米国市民権を得ている。彼がルーズベルト大統領に手紙を書き、原子力の軍事利用に関する注意を喚起したのはその前年のことであった。この論説「物理学と実在」は、このような政治的状況と研究環境の変動期の中で執筆されたものである。

もちろん、このような社会的な背景が、この論説の内容に直接、反映しているというわけではない。この論説には純粋に物理学における実在の問題の考察を通して、当時の物理学の矛盾――その大部分は今日でもそのまま残されている――の解決を模索するアインシュタインの思想が真摯に述べられているに過ぎない。しかし彼の胸中に、変動する世界の状況とその不透明な将来が、類似の状況にあった物理学の姿と重ね合わされていたことは、十分にあり得ることである。さてその変革中の物理学の状況とはどのようなものであったのか。そもそも、なぜ彼は物理学における実在という、極めて哲学的な問題を深く掘り下げようとしたのだろうか。

これに答えるには、二〇世紀の物理学革命と、その中でのアインシュタインの関与を思い起こす必要がある。二〇世紀の物理学革命とは、一九世紀までの古典物理学に基づく自然界の世界像に代わり、相対性理論と量子力学に基づく新しい世界像の構築が始まったことを指す。アインシュタインの創始した相対性理論では、それまで別個のものとしていた時間と空間が「時空」という不可分のものとされ、この時空での距離を定める「計量」のなす重力場が、物理現象が生じる容れ物である時空そのものを幾何学的に規定することになった。一方、量子力学ではそれまで決定論的だとされていた物理過程が確率的なものとなり、また連続的だと考えられてきたエネルギーなどの物理量が離散的なものとなったが、これにはアインシュタイン自身も物理過程の遷移確率や「光量子」（現代の「光子」に繋がる）概念の提案などを通して大きな貢献をしている。

しかしながら、この二つの物理学革命は、その根底において大きな矛盾を孕《はら》むものであった。というのも、まず相対性理論の方は思想的には一九世紀の電磁気学から継承されたものであり（実際、彼の特殊相対性理論の論文は「運動している物体の電気力学について」と題されていた)、その物理的な構成要素は、ファラデーが提議しマクスウェルが敷衍した電磁場という「場」にあった。アインシュタインが一般相対性理論で展開した重力場はその系統に列《つら》なるものであり、したがって電磁相互作用と重力相互作用を統一的に扱おうとするアインシュタインの統一場理論の構想は、この自然な流れの上に立つものであった。ところが量子力学では、例えば従来は電磁場の波として捉えていた光の実態は光量子という「粒子」であるとするものであり、本質的には電子などの物質粒子と同類のものと見なされた。つまり相対性理論では連続的な「場」の描像を基礎とするのに対して、量子力学では離散的な「粒子」の描像を基礎の一部とし、これらの相矛盾する両方に、アインシュタイン自身が深く関与していたのである。時空の存在には「場」の連続性が必要であるはずだが、それにも拘わらず、なぜ「粒子」という離散的なものが存在し得るのか。「場」や「粒子」、あるいはそれらを特徴づける物理量は、どのような意味で実在すると言えるのだろうか。これがアインシュタインがこの論説を書く以前から、ずっと彼の念頭にあった問題意識であった。

自然界の基本的な構成要素が「場」と「粒子」のどちらであるかという二項対立は、量子力学の建設が進むにつれて、いっそう深刻なものになっていった。なぜなら、一九二四年にド・ブロイが、電子のような物質粒子でさえも波としての性質を持ち、光のような干渉効果を示すことを明らかにするに至って、自然界の根幹に「粒子と波動の二重性」という自己矛盾した実在の姿があることが顕わになったからである。量子力学にはこの奇妙な性質が自然な形で組み込まれているが、測定の結果を確率的にしか予言できず、原因を定めれば結果も定まるという因果律が成立しない。このような不可解で不満足なものは、物理学の理論として整合性を欠くものであるか、さもなければ不完全なものであるとアインシュタインは考えた。そして、それは自然界の忠実な記述に過ぎず、否応なしに受容すべきとするボーアと、長年にわたって激しい論争を繰り広げてきたのである。彼らの論争は、一九三五年にアインシュタインがプリンストンの若手同僚のポドルスキーとローゼンとの三名で発表したEPRパラドックスの論文と、これに対するボーアの反論でクライマックスを迎えるが、その是非を判定する実証実験が難しいことなどの当時の事情から、平行線のまま一応の終熄を見せる。本論説「物理学と実在」はそれから間もなく書かれたものであり、まだ論争の余熱が漂うものになっている。

アインシュタインはこの論説において、なぜ今、物理学者に哲学が必要なのかという問いから説き始め、感官体験から物理概念の定義、法則の確立、そして時間の概念はどのように生まれるか、空間とは何か、空間認識と物体の認識、古典力学における質点概念の問題といった、物理学の根幹をなす概念に関する考えを順序立てて述べている。内容は必ずしも易しいものではないが、文章は懇切丁寧であり、繰り返し読めば彼の物理学の思想を理解することとは決して難しくない。彼は衒《てら》いや慇懃さから自分の意図を韜晦《とうかい》するといったことを一切せず、率直にありのままの考えを開陳しており、相対性理論の着想の源や、「粒子」を「場」の中に取り込む構想、そして量子力学におけるψ関数（シュレーディンガーの波動関数）の統計的解釈と、そこから派生する完全性への疑問を端的に提示している。特に発展途上にあった統一場理論（重力と電磁場を含む場と粒子の融合）への彼の熱い想いは、これを読むことで手に取るように分かるような気がする。

とりわけ、この論説に量子力学の不完全性について二種類の議論が与えられていることは、アインシュタインの当時の問題意識の在処《ありか》を示すものとして注目してよい。その一つは波動関数の連続性と測定された物理量の離散性との矛盾から、波動関数の記述が系の集団に関わる統計的なものであって、個々の系の単独での状態には対応していないというものである。

もう一つはEPR論文での議論を簡素化したもので、二つの部分系A、Bから成る合成系において、両者の相互作用の結果、Aの状態とBの状態が相関した――すなわち量子もつれ（エンタングル）した――場合、量子力学によればAへの測定方法を変えることによってBの波動関数も変わることになる。ところが相互作用の後に二つの部分系A、Bが「切り離されて」いる場合には、実際にはAへの測定方法に依らずBの物理的状態は一定のはずであるから、結局、一つの状態に複数の波動関数が対応することになる。つまり、波動関数による状態記述が一つに定まらないという事実は、物理状態の記述としては不完全であることを示しているという議論である。

ここでアインシュタインは二つの部分系が「切り離されて」いることを前提としたが、これは一般に「局所性」と呼ばれる性質である。またＥＰＲ論文では、この「局所性」に基づいて異なる波動関数に対応する部分系の物理量の存在、すなわち物理量の「実在性」を問題とした。この「局所実在性」の性質は古典物理学では基本的な前提であり、また我々の日常的な生活においても常識として受け入れられている事柄である。自分の眼前にある本は、当然ながら、窓の外の梢に止まる小鳥とは「切り離されて」おり、手前の本も梢の小鳥も、疑いなくともに「実在する」はずである。

ところが、アインシュタインの死後一〇年ほど経った一九六四年に、この当たり前の「局所実在性」が、ＥＰＲ論文で想定した量子もつれ状態の時には成立しないことをベルが論証してしまった（ベル定理）。そしてこの発見が、その後、現在まで続く「局所実在性」の破れの様々な検証実験の契機となり、さらに量子もつれ状態がもたらす奇妙な非局所相関を応用した量子情報科学が勃興する先触れとなったのである。

なお、「局所実在性」に加えて、ＥＰＲ論文やベル定理が暗黙の前提としていたのが、測定の方法を好きに変えることができるという選択の自由であり、これは測定者であるわれわれの「自由意志」が保証されているかどうかの問題につながる。眼前の本のどの頁《ページ》を見るのかは、観測する自分の自由意志で決められるはずである。この「自由意志」とは何かといった問いは、本来、物理学を越えたものであるが、少なくとも因果律の成立する世界では原理的には存在し得ないと考えられることから、近年では量子力学の非因果性の本質の究明を通して、その淵源を探ろうとする試みもなされている。

アインシュタインは、晩年に至るまで量子力学への深い疑念を持ち続け、その本質の考察を怠ることはなかった。自然界の基本的な構成要素としての「場」と「粒子」については、この論説で「場」による統一像の可能性を示唆しているように、彼は生涯を通して統一場理論の研究を推進した。しかしその一方で、光量子のような仕事が示唆するように、彼自身の中に「粒子」像への親近感もあり、公式には「場」の立場に立ちながらも、思想的には「場」と「粒子」の間を行きつ戻りつしたようである。

彼の統一場の理論の理想は現代の物理学に継承されているが、その出口が彼の予想した種々の相互作用の場による統一といった線上にあるのか、それとも将来、量子力学の限界や不完全性が現れて、それに代わるより基本的な理論との融合として出現するのか。未だその答を得る道筋は見えていない。

（高エネルギー加速器研究機構／素粒子論・量子基礎論）

本書は『世界の名著』66（湯川秀樹・井上健責任編集、中央公論社、一九七〇年）所収の「科学者と世界平和」「物理学と実在」を底本としています。講談社学術文庫に収録するにあたり、新たに佐藤優「アインシュタイン『公開書簡』解説」、筒井泉「『物理学と実在』解説」を付加しました。

アルバート・アインシュタイン

Albert Einstein（1879-1955）光量子仮説や特殊相対性理論，一般相対性理論を発表。人々の世界観を変え，現代物理学を大きく動かした。1921年，ノーベル物理学賞受賞。1933年，ナチスの脅威により米国に亡命。「統一場理論」の構築に取り組むが，未完のままプリンストンにて死去。

講談社学術文庫

定価はカバーに表示してあります。

科《か》学者《がくしゃ》と世《せ》界《かい》平《へい》和《わ》

アルバート・アインシュタイン 著

井上《いのうえ》 健《たけし》 訳

2018年7月10日　第1刷発行

発行者　渡瀬昌彦
発行所　株式会社講談社
東京都文京区音羽 2-12-21 〒112-8001
電話　編集（03）5395-3512
販売（03）5395-4415
業務（03）5395-3615
装　幀　蟹江征治
印　刷　株式会社廣済堂
製　本　株式会社国宝社
本文データ制作　講談社デジタル製作

ISBN978-4-06-512434-5

「講談社学術文庫」の刊行に当たって

これは、学術をポケットに入れることをモットーとして生まれた文庫である。学術は少年の心を養い、成年の心を満たす。その学術がポケットにはいる形で、万人のものになることは、生涯教育をうたう現代の理想である。

こうした考え方は、学術を巨大な城のように見る世間の常識に反するかもしれない。また、一部の人たちからは、学術の権威をおとすものと非難されるかもしれない。しかし、それはいずれも学術の新しい在り方を解しないものといわざるをえない。

学術は、まず魔術への挑戦から始まった。やがて、いわゆる常識をつぎつぎに改めていった。学術の権威は、幾百年、幾千年にわたる、苦しい戦いの成果である。こうしてきずきあげられた城が、一見して近づきがたいものにうつるのは、そのためである。しかし、学術の権威を、その形の上だけで判断してはならない。その生成のあとをかえりみれば、その根は常に人々の生活の中にあった。学術が大きな力たりうるのはそのためであって、生活をはなれた学術は、どこにもない。

開かれた社会といわれる現代にとって、これはまったく自明である。生活と学術との間に、もし距離があるとすれば、何をおいてもこれを埋めねばならない。もしこの距離が形の上の迷信からきているとすれば、その迷信をうち破らねばならぬ。

学術文庫は、内外の迷信を打破し、学術のために新しい天地をひらく意図をもって生まれた。文庫という小さい形と、学術という壮大な城とが、完全に両立するためには、なおいくらかの時を必要とするであろう。しかし、学術をポケットにした社会が、人間の生活にとってより豊かな社会であることは、たしかである。そうした社会の実現のために、文庫の世界に新しいジャンルを加えることができれば幸いである。

一九七六年六月　　　野間省一

大学
宇野哲人全訳注（解説・宇野精一）

修己治人、すなわち自己を修練してはじめてよく人を治め得る、とする儒教の政治目的を最もよく組織的に論述した経典。修身・斉家・治国・平天下は真の学問の修得を志す者の熟読玩味すべき哲理である。

594

中庸《ちゅうよう》
宇野哲人全訳注（解説・宇野精一）

人間の本性は天が授けたもので、それを〃誠〃で表し、「誠とは天の道なり、これを誠にするのは人の道なり」という倫理道徳の主眼を、首尾一貫、渾然たる哲学体系にまで高め得た、儒教第一の経典の注釈書。

595

五輪書
宮本武蔵著／鎌田茂雄全訳注

一切の甘えを切り捨て、ひたすら剣に生きた二天一流の達人宮本武蔵。彼の遺した『五輪書』は、時代を超えて我々に真の生き方を教える。絶対不敗の武芸者武蔵の兵法の奥儀と人生観を原文をもとに平易に解説。

735

菜根譚《さいこんたん》
洪自誠《こうじせい》著／中村璋八・石川力山訳注

儒仏道の三教を修めた洪自誠の人生指南の書。菜根とは粗末な食事のこと。そういう逆境に耐えてこそこの世を生きぬく真の意味がある。人生の円熟した境地、老獪極まりない処世の極意などを縦横に説く。

742

西洋哲学史
今道友信《いまみちとものぶ》著

西洋思想の流れを人物中心に描いた哲学通史。古代ギリシアに始まり、中世・近世・近代・現代に至る西洋の哲人たちは、人間の魂の世話の仕方をいかに主張したか。初心者のために書き下ろした興味深い入門書。

787

影の現象学
河合隼雄《かわいはやお》著（解説・遠藤周作）

意識を裏切る無意識の深層をユング心理学の視点から掘り下げ、新しい光を投げかける。心の影の自覚は人間関係の問題を考える上でも重要である。心の影の世界を鋭く探究した、いま必読の深遠なる名著。

811

《講談社学術文庫　既刊より》

哲学・思想・心理

孔子
金谷《かなや》 治《おさむ》著

人としての生き方を説いた孔子の教えと実践。二千年の歳月を超えて、今なお現代人の心に訴える孔子の魅力とは何か。多年の研究の成果をもとに、聖人ではない人間孔子の言行と思想を鮮明に描いた最良の書。

935

エコエティカ　生圏倫理学入門
今道友信著

人類の生息圏の規模で考える新倫理学の誕生。今日の高度技術社会の中で、生命倫理や医の倫理などすべての分野で倫理が問い直されている。今こそ人間の生き方に関わる倫理の復権が急務と説く注目の書き下し。

946

現代の哲学
木田　元著

現代哲学の基本的動向からさぐる人間存在。激動する二十世紀の知的状況の中で、フッサール、メルロ＝ポンティ、レヴィ＝ストロースら現代の哲学者達が負った共通の課題とは？　人間の存在を問う現代哲学の書。

968

淮南子《えなんじ》の思想　老荘的世界
金谷　治著（解説・楠山春樹）

無為自然を道徳の規範とする老荘の説を中心に、周末以来の儒家、兵家などの思想をとり入れ、処世や政治、天文地理から神話伝説まで集合した淮南子の人生哲学の書。諸子から戦国時代までを網羅した中国思想史。

1014

探究Ⅰ・Ⅱ
柄谷行人著（解説・野家啓一）

闘争する思想家・柄谷行人の意欲的批評集。本書は《他者》あるいは《外部》に関する探究である。著者自身をふくむこれまでの思考に対する「態度の変更」を意味すると同時に知の領域の転回までも促す問題作。

1015・1120

精神としての身体
市川　浩著（解説・中村雄二郎）

人間の現実存在は、抽象的な身体でなく、生きた身体を離れてはありえない。身体をポジティブなものとして把え、心身合一の具体的身体の基底からの理解をめざす。身体は人間の現実存在と説く身体論の名著。

1019

哲学・思想・心理

岸田 秀著
史的唯幻論で読む世界史

古代ギリシアは黒人文明であり、栄光のアーリア人は存在しなかった――。白人中心主義の歴史観が今なお世界を覆っている欺瞞と危うさを鮮やかに剔抉、その思想がいかにして成立・発展したかを大胆に描き出す。

2343

中島義道著
カントの時間論

物体の運動を可能にする客観的時間が、自我のあり方を決める時間であることをいかに精確に記述することができるのか……。『純粋理性批判』全体に浸透している時間構成に関するカントの深い思索を読み解く。

2362

今村仁司著
交易する人間《ホモ・コムニカンス》 贈与と交換の人間学

ヒトはなぜ他者と交易するのか？　人間存在の根源をなす「負い目」と「贈与」の心性による相互行為が解体して市場と資本主義が成立したとき、なにが起きたのか。人間学に新地平を切り拓いた今村理論の精髄。

2363

いしいひさいち著
現代思想の遭難者たち

思想のエッセンスを直観的に汲み取り、笑いに変えてしまう「いしいワールド」のエネルギーに、哲学者たちも毀誉褒貶。これは現代思想の「脱構築」か？　それとも哲学に対する冒瀆か？　手塚治虫文化賞も受賞！

2364

A・アインシュタイン、S・フロイト／浅見昇吾訳（解説・養老孟司／斎藤 環）
ひとはなぜ戦争をするのか

アインシュタインがフロイトに問いかける。「ひとは戦争をなくせるのか？」。宇宙と心、二つの闇に理を見出した二人が、戦争と平和、そして人間の本性について真摯に語り合う。一九三二年、亡命前の往復書簡。

2368

E・B・ド・コンディヤック著／山口裕之訳
論理学 考える技術の初歩

ロックやニュートンなどの経験論をフランスに輸入・発展させた十八世紀の哲学者が最晩年に記した、若者たちのための最良の教科書。これを読めば、難解な書物も的確に、すばやく読むことができる。本邦初訳。

2369